두선생의
지도로 읽는
세계사

서양 편

지리로 '역사 아는 척하기' 시리즈

—— 서양편 ——

두선생의
지도로 읽는
세계사

한영준 지음

21세기북스

일러두기

1. 인명, 지명, 국가명 등의 외국어와 외래어는 국립국어원 외래어표기법에 따르되 몇몇 역사적 사건이나 국가명은 관용적 표현을 따랐다.

2. 우크라이나와 관련된 지명의 경우 주한우크라이나 대사관 및 국립국어원과의 협의에 따라 우크라이나식 표기를 사용하며 이전에 쓰이던 표기를 같이 병기했다.

추천사
지리가 재미있어지다니

역사歷史에서 지리는 각별한 존재이다. 역사는 필연적으로 시공간이라는 두 축을 기반으로 하는데 공간은 곧 지리를 뜻한다. 물론 지리를 역사의 부산물로 보는 것은 잘못된 것이다. 지리는 역사나 역사학 그 이상을 커버하는 거대한 담론談論이기 때문이다. 따라서 역사는 물론이거니와 선사先史라고 불리는 역사 이전의 역사도 지리는 가볍게 감당해낸다. 다시 말해 역사라는 마당에서 지리는 자신의 거대한 몸뚱이 중 일부를 살짝만 보여주고 있는 것이다. 아주 살짝. 역사와 역사학에서 논하는 지리는 일정한 시기를 지정한 한정적限定的 지리에 불과하다. 이것은 초보 역사학도들이 무의식적으로, 또 빈번하게 간과하는 대목이기도 하다. 역사가 인류人類의 장기적 서사Long-term narrative를 오롯이 담당한다는 막연한 판단과 근거 없는 자부심으로 지리를 역사의 배경 정도로 여기거나, 지리와 지리학의 진정한 모습實體을 실감하지 못함에서 비롯된 것이라 하겠다. 이 책은 이 방대한 이야기들을 두서 있게 만들어 놓았다. 광활한 지리의 세계에서 역사가 필요로 하는 바를 가려내 보기 좋게 정리한 것이다.

역사를 제대로 이해하고 싶다면 지리를 먼저 접하고, 어렵고 복잡한 지리를 쉽게 시작하고 싶다면 이곳으로 오라. 문득 그 옛날 재미없었던 수업이 원망스러워지려 한다.

허진모(《전쟁사 문명사 세계사》 저자)

책을 펼치며
지리, 역사를 읽어내는 시공간

어린 시절 역사를 공부할 때 옆에 두고 보던 게 있습니다. 바로 지도책과 연대표입니다. 한 나라가 시기적으로 다른 나라와 얼마만큼 겹쳤는지, 그 나라는 지리적으로 어디까지 진출했는지를 알기 위해서였죠. 인물과 사건을 바라볼 때도 마찬가지입니다. 인물과 사건의 '언제'와 '어디서'를 아는 것은, 인물과 사건의 '어떻게'와 '왜'를 아는 데 도움이 되거든요.

각 지역의 지도를 바탕으로 지리 강의를 만든 것도 그런 의미였습니다. 역사를 알기 위해서는 우선 그곳의 지리를 알아야 합니다. 중동의 역사를 알기 위해서는 메소포타미아 지역이 어디고, 그곳의 지리적 특징이 어떤지 아는 것이 필수입니다. 미국의 역사 또한 영국의 13개 식민지에서 시작해 영토가 늘어난 과정을 알아야 하죠. 그만큼 지리와 역사는 떼려야 뗄 수 없는 관계입니다.

지리를 통해 우리는 과거의 사람들과 더 쉽게 소통할 수 있습니다. 21세기 대한민국에서 사는 우리와 조선에서 살아가던 백성 사이에는 수백 년의 시간 격차가 존재합니다. 그 당시의 국제 정세와 시대적 흐름, 상황을 우리가 온전히 공감할 수는 없죠. 그러나 한반도라는 공간적인 환경은 크게 바뀌지 않았습니다. 한반도라는 지리적인 매개를 통해, 우리는 과거 한반도에 살았던 사람들의 역사에 한 걸음 더 다가갈 수 있습니다.

지리가 갖는 역사적 의미, '지리의 역사성'은 과거에만 머물지 않습니다. 현재까지 이어져 있죠. 우크라이나의 지리는 대부분 산지가 적고 비옥한 흑토지대로 이뤄져 있습니다. 이 때문에 정체성이 다른 많은 나라와 민족이 우크라이나를 거쳤고, 우크라이나를 지배했습니다. 근대 이후 서유럽과 경쟁 관계를 이어온 모스크바(러시아)의 관점에서, 남쪽의 우크라이나는 비옥한 곡창지대이자 흑해를 통해 바다로 나아갈 수 있는 앞마당 같은 곳입니다.

그러나 수백 년 동안 러시아인과 다른 정체성을 형성해온 우크라이나인, 특히 서부 우크라이나인에게 러시아의 제국주의적인 태도는 반反러시아 정서를 키웠고 소련 해체 후 우크라이나는 서유럽 세계에 손을 내밉니다. 이런 역사적 배경에서 '우리의 앞마당을 우리의 경쟁자에게 빼앗길 수 있다'라는 러시아의 위기감이 현재 진행되는 우크라이나 사태의 원인으로 지목됩니다. 이처럼 국내외 정세에 질문이 생길 때, 지리는 그 해답의 실마리를 제공하고는 합니다.

이 책에서는 먼저 각 지역의 지리에 대한 기본적인 지식을 전달합니다. 기본적으로 지리를 이루는 것은 물과 땅입니다. 물에는 짠물인 바다가 있고, 안 짠 물인 강과 호수 등이 있죠. 안 짠 물인 민물은 인간의 생존과 문명에 가장 중요한 요소입니다. 수량이 풍부한 강은 인간이 농사를 지을 수 있게 해주고, 높낮이가 심하지 않은 강은 인간이 배를 타고 다른 지역으로 이동하고 교류할 수 있게 해줍니다. 반면 물이 부족해 풀 한 포기 자라기 힘든 사막은 인간의 생존에 악영향을 끼칩니다.

땅은 넓은 땅인 대륙과 좁은 땅인 섬으로 나눌 수 있습니다. 해발고도로 보면 높은 땅인 산, 평평한 땅인 평원 등이 있겠죠. 산들이 줄기를 이루면 산맥, 높으면서 평평하면 고원입니다. 더 많은 인간이 모여 살 수 있는 평원, 특히 강이 흐르는 평원에서 인간 사회도더 발전하고는 합니다. 반대로 험준한 산과 산맥은 인간의 이동과교류를 방해해 장벽 역할을 하죠.

바다는 인간의 이동을 방해하지만, 모험심도 자극합니다. 바다쪽으로 튀어나와 있는 땅인 반도는 인간이 다른 지역으로 진출하는기회를 주기도 합니다. 좁은 바다인 해협은 바다와 바다 사이를 연결하는 길목 역할을 합니다. 육지 쪽으로 들어와 있는 바다인 만에서 인간은 교류하거나 경쟁합니다.

각 지역에서 펼쳐지는 지형을 살펴보면서, 우리는 그 지역의 현재에 대한 힌트를 얻을 수 있습니다. 인간이 가장 먼저 문명을 꽃피운 중동은 왜 전쟁이 끊이지 않는 지역이 되었을까요. 세계의 근현대사를 주도한 유럽에는 왜 나라가 많을까요. 건국된 지 300년도 되지 않은 미국은 어떻게 초강대국이 되었을까요. 미국과 비슷한 식민 역사를 경험한 중남미 나라들은 왜 미국과 다른 역사를 걷게 되었을까요. 인류가 처음 탄생한 아프리카는 왜 발전이 더딘 것처럼 보일까요.

이번 책에서는 먼저 서양의 지리를 다루고자 합니다. 물론 중동 등을 서양 세계로 묶는 것에 대해 다른 의견이 나올 수 있습니다. 그러나 이집트와 메소포타미아 등 중동에서 시작한 문명이 지중해와 유럽으로 전파되고, 중세 이후에도 유럽과 중동은 끊임없이 교류 또는 경쟁하며 관계를 맺어왔기에 중동의 지리를 이 책의 가장 앞에 두었습니다. 유럽인들이 발견하고 이후 유럽의 문화에 직·간접적인 영향을 받은 미국, 아메리카 등을 유럽의 뒤에 배치했습니다. 인류가 가장 먼저 등장했지만, 유럽의 식민 지배를 받은 아프리카는 이 책의 가장 마지막에 배치했습니다. 힌두쿠시산맥 너머 남아시아·동남아시아·동아시아 등의 동양 세계, 그리고 동서양을 연결해왔던 중앙 유라시아는 다음 책에서 다룰 예정입니다.

지도로 세계 여행을 떠나듯이, 지리로 세계인들과 이야기를 나누듯이 이 책을 즐겨주시면 됩니다. 이 책을 통해 지리와 역사, 국제정치가 조금 더 가깝게 느껴지신다면 작게나마 지식을 유통하는 저에게 더할 나위 없이 기쁜 일이 될 것 같습니다.

책을 펼치며

차례

· CHAPTER 1 ·

문명의 요람에서 혼란의 대륙으로, 중동

· CHAPTER 2 ·

지리가 만든 여러 개의 나라, 유럽

· CHAPTER 3 ·
지리가 만든 초강대국, 미국

· CHAPTER 4 ·

가지각색 아메리카, 중남미

· CHAPTER 5 ·
인류의 시작과 세계의 끝, 아프리카

· CHAPTER 1 ·

문명의 요람에서 혼란의 대륙으로,

중동

북아프리카와 서아시아라는, 지리적으로 다소 어색한 묶음의 지역이
왜 '중동'으로 묶이게 되었을까요?
그럼에도 왜 중동 국가들은 다양한 나라로 나뉘어 있고 분쟁이 끊이지 않을까요?

중동의 자연지리
어디까지가 중동일까

중동은 어떤 과정을 거쳐 오늘날의 모습을 갖게 되었을까요? 너무 복잡해서 어디부터 봐야 할지도 모르는, 중동의 지도를 지금부터 펼쳐봅니다.

세계사 교과서에는 '4대 문명'에 관한 이야기가 나옵니다. 메소포타미아문명, 이집트문명, 인더스-갠지스문명, 중국문명. 최근에는 전세계 문명을 동등하게 보려는 시각이 강해지며 4대 문명만 강조하지는 않지만 여전히 세계사에서 중요한 위치를 차지합니다. 그중 이집트-메소포타미아문명은 다른 문명들이 각 문화권으로 성장한 것과 달리, '중동中東'이라는 하나의 문화권으로 묶이는데요.

'중동'이라는 용어는 사실 유럽적 시각에서 만들어진 용어입니다. 19~20세기 영국에서 유럽 대륙의 동쪽에 위치한 동양 세계를 근동近東·중동·극동極東으로 부른 데서 나온 말이에요. 유럽의 눈으로 만들어진 만큼, 중동 대신 '메나MENA, Middle East and North Africa' '서남아시아와 북아프리카'라는 용어로 대신 부르자는 주장도 있습니다.

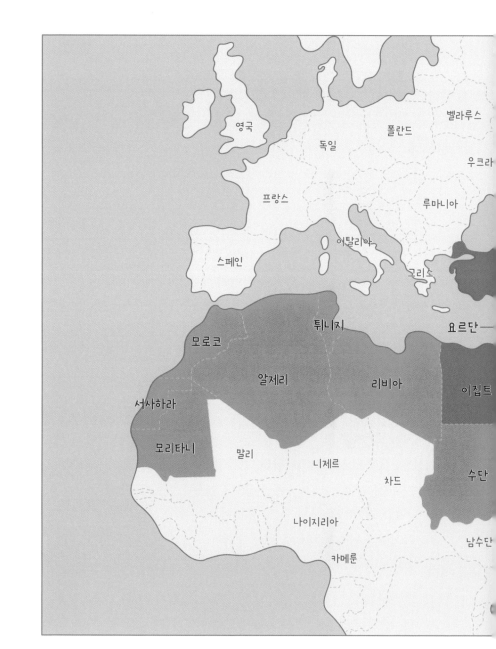

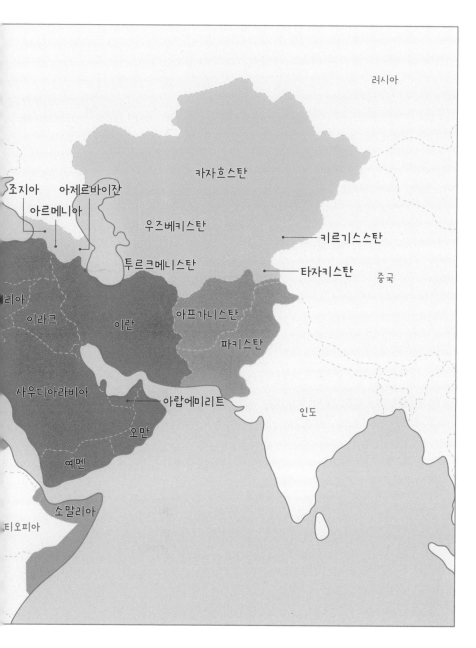

러시아

카자흐스탄

조지아
아제르바이잔
아르메니아

우즈베키스탄

키르기스스탄

투르크메니스탄

타자키스탄

중국

이라크

이란

아프가니스탄

파키스탄

사우디아라비아

아랍에미리트

인도

오만

예멘

소말리아

티오피아

가장 짙은 부분은 '좁은 의미의 중동', 중간 정도 짙은 부분은 '넓은 의미의 중동', 가장 옅은 부분은 '대(大)중동 권역에 포함되는 중앙아시아와 캅카스 3국'을 가리킵니다.

중동은 좁은 의미로 서아시아를 가리키고, 보다 넓은 의미로는 사하라사막 북쪽의 북아프리카까지 포함하는데요. 때로는 이슬람 문명의 영향을 받은 중앙아시아, 캅카스(코카서스) 3국, 그리고 아프가니스탄과 파키스탄까지를 의미하기도 합니다. 이처럼 중동은 범위가 명확하게 구분되어 있지 않을뿐더러 민족적·종교적·지리적으로도 아주 복잡하고 다양한 모습을 보입니다.

보통 민족적으로는 아랍인들이 많고, 종교적으로는 이슬람교를 믿으며, 지리적으로는 사막이나 고원지대가 많죠. 하지만 튀르크(터키)인, 유대인, 베르베르인, 페르시아(이란)인 등 아랍인과 확연히 구분되는 다른 민족들도 적지 않습니다. 또한 기독교나 유대교를 믿는 나라도 있고요.

문명의 발상지, 중동은 왜 이렇게 복잡해졌을까요? 이제부터 중동의 지리와 역사에 대해 아는 척하는 시간을 가져보려고 합니다. 먼저 중동의 자연지리와 각 나라의 위치를 알아보는 것으로 시작합니다.

레반트, 문명의 땅에서 분쟁의 땅으로

'중동'이라는 단어를 들으면 가장 먼저 떠오르는 지역으로 가볼게요. 문명의 발상지 메소포타미아에서 시작하겠습니다. 메소포타미아는 고대 그리스어에서 온 말인데 '두 강 사이의 땅'을 의미해요. 북쪽의 티그리스강과 남쪽의 유프라테스강 사이죠. 강 이름이 긴

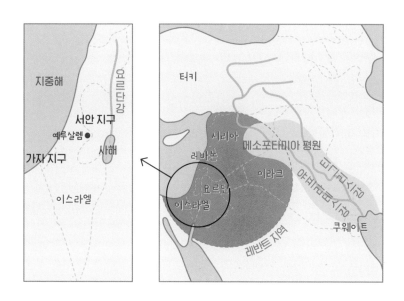

티그리스강과 유프라테스강이 만나는 지역에는 메소포타미아 평원이 있습니다. 비옥한 토지 덕분에 문명이 형성되었고, '비옥한 초승달 지대'라는 말도 붙었습니다.

쪽이 더 무거워서 남쪽에 있다고 생각하면 기억하기 편합니다. 평탄한 이 지역을 메소포타미아 평원이라고 부르는데요. 평지에 강이 흐른다? 그러면 대부분 사람이 살기 좋은 '꿀땅'입니다.

　메소포타미아문명은 두 강이 준 비옥한 토지 덕분에 인류의 가장 오래된 문명 중 하나로 자리 잡을 수 있었습니다. 역사책에서 한 번은 봤을 법한 고대 문명국가들이 메소포타미아 지역에 세워졌죠. 강을 중심으로 수메르가 하류, 바빌로니아가 중류, 아시리아가 상류에 자리 잡은 것은 우연이 아니에요. 현재 메소포타미아 지역의 대부분은 이라크의 영토입니다.

이라크(메소포타미아)와 지중해 사이의 땅은 '레반트Levant'라고 부릅니다. 라틴어에서 온 말인데 '태양이 떠오르는 땅'이라는 뜻이었다고 해요. 정확하게 일치하지는 않지만 아랍어로 '해가 뜨는 곳'이라는 의미의 '마쉬리크Mashriq'라는 단어도 이 지역을 가리킵니다. 동아시아에서 '일본日本' 같은 지역이 지중해에서는 레반트 지역인 셈이죠.

레반트 지역에는 시계 반대 방향 순서로 시리아, 레바논, 이스라엘과 팔레스타인, 요르단이 있습니다. 넓게는 이라크 북서부와 이집트의 시나이반도까지 포함하는 것으로 보는데요. 고대부터 현대까지 굉장히 '핫한' 지역이에요.

레반트 남서쪽에는 이집트가, 동쪽에는 메소포타미아가 있죠? 모두 문명의 발상지입니다. 레반트는 이집트-메소포타미아문명을 연결하는 교통의 요지였어요. 또한 중동의 문명이 지중해를 거쳐 유럽으로 전달될 때, 중간 기착지 같은 역할을 한 곳입니다.

대표적인 문명 전달자가 고대의 해상 왕국 페니키아예요. 현재의 레바논과 이스라엘 북부 지역에 자리 잡았던 페니키아는 이집트-메소포타미아문명을, 해상 교역을 통해 지중해 각지로 전파했습니다. 중세에도 레반트 지역은 유럽과 아시아의 문화와 경제가 교류하는 무역 중심지 역할을 했죠.

레반트 지역 가장 북쪽에 있는 시리아의 북동부에는 유프라테스강이 지나갑니다. 시리아에는 기원전 10세기부터 도시국가가 세워졌는데요. 지중해 동해안에 위치한 수도 다마스쿠스는 이슬람 제국인 우마이야왕조 때 수도 역할을 하면서 지역의 중심 도시이자, 세계에서 가장 오래된 도시 중의 하나로 자리 잡습니다.

레바논 남쪽에는 이스라엘과 팔레스타인이 있어요. 이스라엘과 팔레스타인, 요르단의 자연적 경계선은 요르단강이에요. 흔히 "죽고 싶냐"는 농담을 던질 때 "요단강 건너고 싶냐"는 성경에 나온 표현을 쓰는데, 그때 요단강이 요르단강이에요. 요르단이라는 나라 이름도 요르단강에서 따온 것입니다.

요르단강은 북쪽의 시리아 등에서 발원해서 팔레스타인 북부에 있는 갈릴리 호수를 지나, '사해死海'라 불리는 소금 호수로 흐릅니다. 사해 서쪽에 유대교, 기독교, 이슬람교, 이 세 종교의 성지인 이스라엘이 있습니다.

이곳의 지명은 성경 때문에 일반인들에게도 익숙하죠. 현재 팔레스타인은 서안 지구West Bank와 가자 지구Gaza Strip 두 영토로 구성되어 있어요. 지도를 보면 따로 떨어져 있죠. 서안 지구는 말 그대로 요르단강 서쪽, 이스라엘 중동부에 있습니다. 가자 지구는 이스라엘 남서쪽, 이집트와 이스라엘 사이에 있어요.

이렇게 이라크부터 레반트 지역까지, 더 넓게는 이집트까지의 지역을 '비옥한 초승달 지대Fertile Crescent'라고 부릅니다. 비옥한 땅으로 농경과 목축이 발달한 덕분에 고대 문명과 도시들도 많이 세워졌죠. 하지만 오늘날 이곳은 옛 명성이 무색하게도 수많은 전쟁과 사막화가 일어나는 장소로 기억됩니다.

석유로 비옥해진 사막, 아라비아반도

비옥한 초승달 지대 남쪽에는 두툼한 장화 모양의 반도가 있습니다. 바로 아라비아반도죠. '중동' 하면 떠오르는 연관 검색어 '아랍'도 아라비아의 준말이에요. 중동 지역의 가장 많은 민족인 아랍인, 중동 사람들이 가장 많이 쓰는 언어인 아랍어 모두 아라비아반도에서 온 말입니다. 물론 아랍과 중동이 동의어는 아닙니다. 중동 지역에는 아랍인만 있는 게 아니라 튀르크인, 유대인, 베르베르인, 페르시아인 등도 있거든요.

여기에서 문제 하나 낼게요. 사우드 가문이 아라비아반도에 세운 나라는 무엇일까요? 답은 사우디아라비아입니다. 그렇다면 부족의 수장이 통치하는 토후국(에미리트)들이 아라비아반도에 세운 연합국의 이름은요? 바로 아랍에미리트UAE, United Arab Emirates(아랍에미리트연합국)죠.

아라비아반도를 안에서 들여다보면 대부분 사막이에요. 아라비아반도에 있는 사막이라고 해서 아라비아사막이라고 부릅니다. 요르단과 이라크 남부부터 예멘과 오만까지 넓은 지역에 펼쳐져 있는데, 아라비아사막 안에도 남부의 룹알할리사막, 북부의 네푸드사막이 대표적이에요.

사막은 인류가 문명을 꽃피울 때 활용 가치가 거의 없는 땅이에요. 그래서 아라비아반도는 바닷가 항구와 무역도시를 제외하고는 중동 역사나 세계사에서 큰 비중을 차지하지 못했습니다.

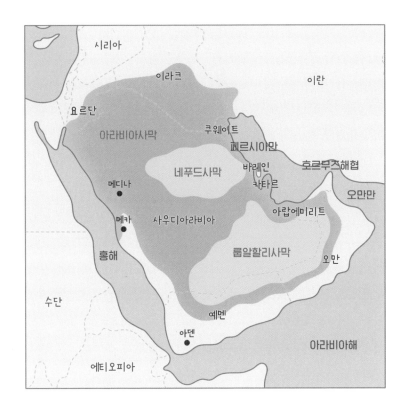

아라비아반도는 대부분이 사막이지만, 이슬람교와 석유라는 두 가지 요소 덕분에 세계사에서 지정학적으로 큰 비중을 차지하게 되었죠.

그러나 이슬람교와 석유가 이 지역을 세계사 교과서에 올리죠. 20세기에 아라비아반도, 넓게 보면 걸프 지역에서 석유가 발견되면서 아라비아반도가 지정학적으로 중요해져요. 현대 이들 지역에서 벌어진 대부분의 전쟁은 석유 때문이라고 해도 과언이 아니죠. 걸프 지역에 대해서는 바로 설명할게요.

아라비아반도 남동쪽에는 인도양의 일부인 아라비아해가 있어요. 북쪽 입구에는 오만 앞바다인 오만만이, 더 안쪽으로 들어가면 아라비아반도 북동쪽에 페르시아만이 있죠. 페르시아(이란) 앞바다여서 페르시아만이에요. 그러나 아랍 국가들은 이 바다를 아라비아만이라고 불러요. 중동 지역에서 명칭 논란이 있는 바다죠.

그래서 영국의 지도 제작 회사 콜린스는 이 바다를 그냥 '만The Gulf'이라고 표기하고 있어요. 그래서 우리가 이 바다를 '걸프만'이라고 불렀던 것입니다. 페르시아만을 둘러싸고 있는 나라들을 걸프 국가들, 그 지역을 걸프 지역이라고 부르기도 하죠.

페르시아만과 오만만 사이에는 있는 좁은 바다는 호르무즈해협입니다. 중동의 대표적 친親미 국가이자 수니파 이슬람의 맹주인 사우디아라비아와 중동의 대표적 반反미 국가이자 시아파 이슬람의 맹주인 이란이 마주 보고 있는 바다라 군사 외교적으로도 중요한 해협입니다. 페르시아만 주변에 석유를 생산하는 나라들이 많아서 경제적으로도 주요한 해협이죠.

아라비아반도 서쪽에는 이슬람교의 창시자인 예언자 무함마드가 태어난 메카, 그리고 무함마드가 사망한 메디나가 있어요. 아라비아반도 남서쪽 메카와 메디나를 포함한 홍해 해변 지역을 '헤자즈Hejaz' 지방이라고 하는데 이슬람교의 고향 같은 곳이에요. 현재 이슬람의 맹주를 자처하고 있는 사우디아라비아가 헤자즈 지방을 차지하고 있죠. 그 건너편에는 이집트와 수단, 에리트레아 등의 나라들이 있어요. 남쪽에는 '아프리카의 뿔'이라고 불리는 소말리아반도가 있죠.

아라비아반도와 소말리아반도 사이에는 아덴만이 있는데 아라비아반도 남쪽, 예멘의 항구도시 아덴이 무역 중심지의 역할을 합니다. 사실 아덴만은 우리에게도 익숙한데요. 2011년 아덴만 근처에서 소말리아 해적들에게 우리나라 화물선이 납치된 사건이 있었죠. 다행히 청해부대가 해적을 무찌르고 인질 21명 전원을 구출했는데, 그때 군사 작전명이 바로 '아덴만 여명 작전'이었습니다.

이외에도 아라비아반도에는 작고 헷갈리는 나라들이 많습니다. 쿠웨이트, 바레인, 카타르를 비롯해 앞서 말한 아랍에미리트연합 등. 대부분 부족 왕국 느낌인데 기독교 문화권의 제후국이나 공국公國과 비슷한 개념이에요. 대부분 19~20세기에 영국의 보호령으로 있다가 석유가 발견되었고 1960~70년대에 독립합니다.

가지각색 역사, 이집트와 북아프리카

이집트는 북아프리카를 넘어 중동에서 가장 유명한 나라 중 하나입니다. 오래전부터 문명을 꽃피운 만큼 유적지나 관광지도 많고, 경제적·외교적으로도 북아프리카에서 맹주 역할을 자처하고 있죠.

이집트의 젖줄은, 이집트를 남북으로 흐르는 나일강입니다. 이집트문명도 나일강가에서 일어났어요. 수도 카이로가 나일강 하구에 있고 이집트 제2의 도시이자 최대의 항구도시인 알렉산드리아도

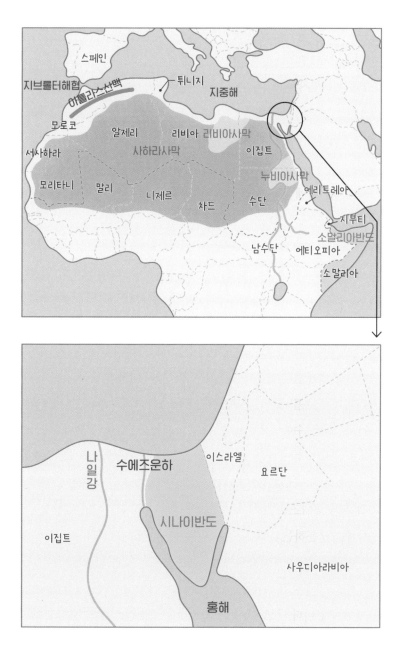

나일강을 제외하면 북아프리카에는 큰 강이 없습니다. 대신 세계에서 두 번째로 큰 사막인
사하라사막이 버티고 있죠. 그만큼 북아프리카는 굉장히 건조한 지역이기도 합니다.

나일강이 지중해와 만나는 해변에 자리 잡고 있습니다.

이집트의 많은 지역이 사막화되고 있어서 나일강에 대한 이집트의 의존도는 오늘날 더욱 심해지고 있는데요. 1억 명에 가까운 이집트 인구 중 90% 가까이가 나일강변에 삽니다. 대한민국 인구 5000만 명 중 약 4000만 명 이상이 한강 근처에 모여 사는 것과 비슷한 느낌이죠.

이집트 동쪽에는 좁고 긴 바다인 홍해가 자리하고 있습니다. 바닷속에 있는 해조 때문에 바닷물이 붉은빛을 띠는 경우가 있어서 이름이 그렇게 붙여졌어요. 구약성경에서 히브리인들의 지도자인 모세가 이집트(애굽)를 탈출하며 바다를 가른 기적을 선보인 게 바로 홍해예요.

홍해 북쪽에 볼록 튀어나온 땅이 시나이반도인데, 이곳 또한 성경에 등장합니다. 홍해를 건너 모세가 시나이반도 남부에 있는 시나이산에서 십계명을 받았다고 기록되어 있죠. 시나이반도는 양옆에 좁은 바다가 흐릅니다. 동쪽에는 아카바만, 서쪽은 수에즈만이에요.

수에즈만은 수에즈운하로 유명하죠. 수에즈운하는 홍해와 지중해를 연결함으로써, 실질적으로는 지중해와 인도양을 잇고, 유럽과 남아시아를 바닷길로 연결해주는 지정학적으로 굉장히 중요한 운하입니다. 수에즈운하와 시나이반도는 지리적으로 아프리카와 서아시아를 구분하는 경계선이 되기도 합니다.

이집트 서쪽은 '마그레브Maghreb'라고 불러요. 아랍어로 '서쪽 땅끝'이라는 뜻입니다. 이집트를 기준으로 아랍 세계의 서쪽을 마그레브, 동쪽을 마쉬리크라고 불렀죠.

마그레브 지역 북서쪽에는 거대한 아틀라스산맥이 흘러요. 서쪽에 있는 모로코 국토의 많은 부분을 차지하고, 알제리의 북쪽을 지나, 동쪽의 튀니지 서북부까지. 그리고 아틀라스산맥 북쪽에는 좁은 해안 평원이 있는데 남유럽처럼 지중해성 기후의 농업지대예요.

아틀라스산맥 동쪽에는 나지막한 리비아 고원지대와 리비아사막이, 남쪽에는 세계에서 두 번째로 큰 사막 사하라사막이 버티고 있습니다. 여기에 북아프리카에는 나일강을 제외하고 큰 강도 없으니 그만큼 건조한 지역인 거죠. 참고로 사막은 강수량을 기준으로 판단하기 때문에 세계에서 가장 큰 사막은 남극 대륙이라고 해요.

스페인과 포르투갈이 있는 이베리아반도(유럽)와 모로코(아프리카)는 서로 마주 보고 있어요. 유럽과 아프리카 사이에는 대서양과 지중해의 관문인 지브롤터해협이 있죠. 해상 교통과 군사적으로 아주 중요한 지역이에요. 스페인 쪽에는 영국령 지브롤터가 있고, 모로코 쪽에는 스페인령 세우타가 있습니다. 희한하죠? 위의 스페인에는 영국 영토가 있고 아래 모로코에는 스페인 영토가 있다니 말이에요.

이집트 남쪽도 간단하게 살펴볼까요? 이집트 남쪽에는 수단이 있습니다. 나일강의 지류인 서쪽의 백나일강과 동쪽의 청나일강이 수단의 수도인 하르툼에서 만나요. 수단은 아프리카에서 면적이 가장 큰 나라였지만, 2011년 남수단이 독립합니다.

북쪽에 있는 수단은 민족적으로는 아랍계면서 이슬람을 믿는 사람이 많고, 지리적으로 사막지대가 많습니다. 이에 반해 남쪽에 있는 남수단은 민족적으로는 아프리카계(흑인)면서 기독교나 지역 토속 신앙을 믿는 사람이 많고, 지리적으로 습지가 많습니다.

튀니지는 세계사를 공부할 때 북아프리카에서 자주 등장하는 곳 중 하나입니다. 지중해에서 가장 큰 섬이자 지중해 한가운데 있는 섬인 시칠리아섬을 사이에 두고 이탈리아와 마주 보고 있습니다. 고대 로마제국과 지중해의 패권을 두고 싸웠던 도시국가인 카르타고가 세워진 곳이 튀니지, 게르만족의 대이동 때 반달족이 와서 반달왕국을 세운 곳도 튀니지예요. 모로코, 알제리, 튀니지는 프랑스 식민지였습니다.

참고로 마그레브 서쪽 대서양 해변에는 1976년 스페인으로부터 독립했지만 모로코와 분쟁을 하고 있는 미승인국, 서사하라(사하라 아랍 민주공화국)가 있습니다. 모로코와 서사하라를 두고 분쟁한 모리타니도 아랍 국가들의 모임인 아랍 연맹에 가입되어 있어요.

아프리카의 동쪽 끝, 뾰족한 땅에는 소말리아가 있어요. 그 모양을 따서 소말리아반도를 '아프리카의 뿔'이라고 부른다고 했었죠. 소말리아는 지중해(유럽)와 인도양(남아시아)을 바닷길로 잇는 홍해 끝에 위치한 만큼 해상무역의 거점입니다. 그만큼 뺏을 게 많으니 해적들이 들끓는 거죠. 소말리아는 오랜 기간 내전이 거듭되면서 사실상 무정부 상태가 지속되고 있습니다.

소말리아반도 서쪽 끝에는 지부티라는 작은 나라가 있어요. 민족적으로는 소말리아와 가까운데 프랑스 식민지였다가 1977년 독립합니다. 소말리아반도 북쪽에는 1991년 소말리아에서 독립을 선언했지만 아직 국제사회에서 승인을 받지 못한 나라 소말릴란드도 있어요. 소말리아는 이탈리아의 식민지였고, 소말릴란드는 영국의 식민 지배를 받았죠. 소말리아와 지부티, 소말릴란드는 소말리족이 주류 민족이고 이슬람교를 믿지만 각기 다른 식민 경험을 한 거죠.

지도를 보면 수단과 소말리아 사이에 에티오피아도 있는데 이곳은 중동으로 묶이지 않아요. 에티오피아는 민족적으로도 중동보다는 '사하라 이남 아프리카'로 묶이고 종교적으로도 이슬람교가 주류를 이루지 않습니다. 에티오피아 주민 절반 가량이 고대 기독교 종파인 에티오피아 정교회를 믿습니다.

북쪽의 에리트레아는 마치 에티오피아의 바다를 막고 있는 것 같은 모습이죠. 원래 에티오피아의 영토였지만 이탈리아의 식민 지배에서 독립 후 에티오피아와 1962년 합쳐졌다가, 1993년 독립합니다.

산이 둘러싼 높은 벌판

'조산대造山帶'라는 말을 한 번쯤 들어봤을 거예요. 말 그대로 '산이 만들어진 띠'를 의미하는데, 지구의 지질 활동으로 땅(대륙판)과 바다(해양판)가 움직이고 서로 충돌하면서 거대한 산지가 만들어진 거죠. 이런 조산대는 중동에도 존재합니다. 중동에는 사막뿐만 아니

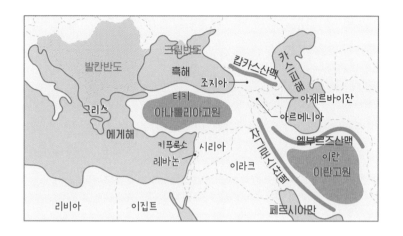

중동에는 많은 산맥들로 형성된 고원이 여럿 있습니다. 현재 터키가 있는 아나톨리아반도에 아나톨리아고원이 있고, 이란 국토의 대부분을 차지하고 있는 이란고원도 있죠.

라 길쭉한 산지도 형성되어 있거든요. 지구의 대표적인 조산대 중하나인 거대한 알프스-히말라야 조산대도 중동을 지나갑니다. 이제부터 알프스산맥과 히말라야산맥을 잇는 중동의 산맥과 고원지대을 살펴보죠.

지중해의 동쪽 끝에서 유럽을 바라보고 있는 반도가 있습니다. 현재 터키가 있는 반도, 바로 아나톨리아반도입니다. 그리고 여기에 아나톨리아고원이 있습니다. 아나톨리아는 고대 그리스어로 '태양이 떠오르는 곳' 또는 '동방의 땅'을 의미했다고 해요.

원래 '아시아'라는 용어도 아나톨리아반도를 가리키는 용어였다고 하죠. 그러나 유럽인들의 시야가 넓어지고 아시아를 가리키는 지역이 지금처럼 넓어지면서 아나톨리아반도를 '소아시아'라고 부르게 되었습니다.

터키 서쪽에는 에게해가, 그 맞은편에는 발칸반도가 있습니다. 에게해는 고대 그리스 문명의 뿌리죠. 지리적으로 보면 우리나라 남해안을 동그랗게 만들었다고 이해하면 편합니다. 리아스식해안과 다도해가 합쳐져 파도도 잔잔하고 경치도 좋아서, 여행 가고 싶은 지역이에요.

터키 남쪽의 바다는 지중해에 속하지만 레반트의 앞바다이기도 해서 '레반트해'라고도 부르는데요. 레반트해, 터키 바로 남동쪽에 키프로스섬이 있습니다. 주로 그리스계 주민들로 이뤄진 키프로스섬은 지중해에서 세 번째로 큰 섬입니다.

그러나 중동, 특히 터키 입장에서는 그들 턱 끝에 있는 느낌이에요. 미국에게는 쿠바, 중국에게는 우리나라가 비슷한 지정학적 위치에 있다고 할 수 있죠. 키프로스섬은 1960년 독립했지만 이후에도 그리스와 터키의 주도권 싸움은 계속되었고, 현재에 이르러서는 실질적인 분단국가가 되었습니다.

터키는 반도국입니다. 삼면이 바다라는 이야기죠. 터키 북쪽에는 흑해가 있습니다. 지중해와는 다른 독자적인 바다로 쳐요. 흑해에 있는 반도가 과거부터 오늘날에 이르기까지 러시아와 우크라이나가 싸우고 있는 크림반도죠.

얼지 않는 바다와 항구, 즉 부동항不凍港을 찾아다녔던 러시아 입장에서 흑해와 크림반도는 전략적 요충지일 수밖에 없습니다. 러시아 입장에서는 욕심이 나는 게 당연하고, 흑해를 끼고 있는 터키와 러시아의 관계도 복잡 미묘할 수밖에 없죠.

흑해 동쪽에는 세계에서 가장 큰 호수 카스피해가 있습니다. 이렇게 큰데 바다가 아니라 호수라는 것에 의문을 가질 수도 있을 텐데요. 단순하게 바다는 짠 물, 호수는 안 짠 물, 이렇게 구분한다면 카스피해는 싱거운 미역국 같다고 해요. 염분이 바닷물의 절반 정도 있는 함수호鹹水湖라고 보는 게 맞습니다. 하지만 주변국들의 이해관계 때문에 호수가 아니라 '특수한 지위를 가진 바다'로 규정되었죠.

흑해와 카스피해 사이에는 백인(인도유럽인)들의 고향이라고 추정되는, 유럽과 아시아의 경계 캅카스(코카서스)산맥이 있어요. '코카서스'는 영어식, '캅카스'는 러시아어식 표현이에요. 유럽·인도·이란인을 인종으로 묶어 부르는 '코카시안Caucasian' 또는 '코카소이드Caucasoid'는 모두 코카서스에서 나온 명칭입니다.

이곳 캅카스산맥 지역에는 세 개의 작은 나라가 있습니다. 북쪽에 있는 흑해 연안의 조지아, 남서쪽의 내륙국 아르메니아, 남동쪽에 있는 카스피해 연안의 아제르바이잔이죠. 이 나라들을 캅카스 3국 또는 코카서스 3국이라고 불러요.

조지아와 아르메니아 사람들은 넓은 의미에서 인도유럽계 민족으로 묶입니다. 그러나 조지아 사람들은 동로마제국에서 발전한 동방 정교회를, 아르메니아 사람들은 고대 기독교 종파인 아르메니아 사도 교회를 주로 믿어요. 아제르바이잔 사람들은 민족적으로 튀르크계면서 종교적으로는 시아파 이슬람을 믿죠.

민족적·종교적 차이 때문에 조지아와 아르메니아는 유럽, 아제르바이잔은 아시아로 묶이기도 합니다. 세 나라 모두 20세기에는 소련 (소비에트사회주의공화국연방) 소속이었기 때문에 러시아 권역으로 묶이기도 하고요. 좁은 산악지대에 민족적·종교적으로 다양한 사람들이 사는 데다 북쪽에는 러시아, 서쪽에는 튀르크, 남쪽에는 페르시아 등 지역 강국들이 근처에 있어서 바람 잘 날 없는 지역이기도 합니다.

아나톨리아고원과 캅카스산맥을 지나면 이란고원이 넓게 펼쳐져 있습니다. 이란 국토의 대부분을 이란고원이 차지하는데요. 인구 8500만 명이 넘는 이란은 세계적으로 가장 산악 지방이 많은 나라로 꼽히는데요. 심지어 산이 많은 서부 지방에 많은 사람들이 삽니다.

1000만 명이 사는 수도 테헤란도 엘부르즈(알보르즈)산맥 남쪽, 해발고도 1200m의 고원에 위치합니다. 우리나라 축구 국가 대표팀이 테헤란의 아자디 스타디움에서 열리는 이란 원정 경기에서 애를 먹는 이유가 여기에 있습니다.

이란고원은 크게 세 부분으로 나뉩니다. 캅카스산맥에서 동쪽으로 흐르는 북부의 엘부르즈산맥, 캅카스산맥에서 이란 남쪽의 바다인 페르시아만 쪽으로 흐르는 남부의 자그로스산맥, 그리고 중부의 이란고원 중앙부. 산맥과 고원 사이사이에는 분지와 사막이 분포합니다. 참고로 높이 5771m 이란의 최고봉인 다마반드산이 엘부르즈 산맥에 있고, 이 산맥이 아프가니스탄의 힌두쿠시산맥으로 이어집 니다.

이란은 20세기 초반까지 페르시아로 불렸어요. 이란인의 조상들 이 살던 지역인 '파르사Parsa(파르스Pars)'에서 유래한 명칭이죠. 1935년 당시 팔레비왕조의 초대 국왕인 레자 샤가 국제사회에 '이란'이라 고 불러달라고 요청하면서 이후 대중적으로 쓰이게 되었습니다. '이란'은 초기 인도유럽인들을 통칭하는 '아리아Arya'에서 온 말로, '아리아인이 사는 땅'이라는 의미가 담겨 있습니다.

그래서 이란은 '중동'으로는 묶이지만 '아랍'으로 묶이지는 않습 니다. 민족 정체성으로나 언어적으로나 이란인은 아랍인과는 거리 가 있어요. 이란인은 타지키스탄의 타지크인, 아프가니스탄의 파슈 툰인 등과 함께 페르시아계로 묶입니다.

오랜 기간 중동 역사의 한 축을 담당했고 이슬람교가 전파되어 중동으로는 묶이지만, 페르시아제국 등 독자적인 역사를 갖고 있고 요. 이슬람 종파도 대부분의 중동 국가들과는 달리 시아파가 주류 이기 때문에 구별되는 문화권으로 봅니다. '아랍의 맹주'이자 '수니 파의 맹주'를 자처하는 라이벌 국가 사우디아라비아와 다르게, '이 란계 국가의 맹주'이자 '시아파의 맹주'를 자처하죠.

여기까지가 '중동'의 자연지리에 관한 이야기입니다. 다시 간단 하게 정리해볼까요?

① 두 강 사이 메소포타미아문명이 발생한 이라크, 지중해에서 '해가 뜨는 땅'인 레반트는 '비옥한 초승달 지대'라고 불렸지만, 현재는 다양한 분쟁이 일어나는 지역이 되었죠.

② 사막이 대부분인 아라비아반도는 중세에 이슬람교가 창시되고 20세기 초에 석유가 발견되면서 세계사에 한 축으로 성장했어요. 아랍의 맹주를 자처하는 사우디아라비아를 제외하면 다소 작은 나라들이 많죠.

③ 문명의 발상지 이집트를 비롯해, 사하라사막 북쪽의 북아프리카도 중동과 아랍으로 묶여요. 다만 지리적으로는 수에즈운하와 시나이반도가 서아시아와 북아프리카의 경계선이죠.

④ 알프스-히말라야조산대를 연결하는 중동의 산악지대는 아나톨리아반도의 아나톨리아고원(터키), 캅카스산맥(캅카스 3국), 이란고원(이란)이 있어요. 터키와 이란은 '중동'으로 묶이기는 하지만, '아랍' 국가로 볼 수는 없고요.

더 간단하게 정리해볼까요? 중동 국가 대부분은 이슬람교가 중심입니다. 그런데 한 나라만 안 믿어요. 유대교의 나라 이스라엘이죠. 또한 중동 대부분이 아랍 국가에요. 그런데 세 나라만 아랍 연맹에 안 들어갑니다. 유대인의 이스라엘, 튀르크인의 터키, 페르시아인의 이란.

중동 지역의 역사와 인문지리
중동의 지도를 제대로 보려면

중동은 이슬람교·아랍어·아랍인이라는 공통분모만큼이나 나라마다 서로 다른 특징을 갖고 있습니다. 다양한 문화가 공존하는 만큼 분쟁 또한 끊이지 않는, 중동의 기나긴 역사를 거슬러 가봅니다.

중동의 지리적 경계에 대한 대략의 밑그림이 그려졌다면 이번에는 역사를 한번 살펴볼까요?

자연지리가 자연환경이 만든 지리라면, 인문지리란 사람이 만든 지리, 사람이 쪼갠 지리, 사람이 구분한 지리를 의미합니다. 현재의 지도가 '왜' 그렇게 만들어졌는지, 현재의 국경선이 '왜' 그렇게 그어졌는지에 대한 이야기죠. 이를 위해 역사를 가미해 지도를 살펴보려고 합니다.

물론 신석기시대의 유적 괴베클리 테페나 이집트-메소포타미아 문명 등으로부터 21세기까지를 시대순으로 보는 것은 아닙니다. 대신 다음 질문에 답을 찾는다는 마음으로 중동 역사의 주요 포인트들을 발췌해서 살펴보겠습니다.

북아프리카와 서아시아라는, 지리적으로 다소 어색한 묶음의 지역이 왜 '중동'으로 묶이게 되었을까요? 그럼에도 왜 중동 국가들은 다양한 나라로 나뉘어 있고 분쟁이 끊이지 않을까요?

중동의 역사는 크게 두 시기로 나눌 수 있습니다. 이슬람교 성립 이전과 이후. 먼저 7세기 초부터 13세기까지, 이슬람교가 창시된 이후의 시기를 보면서 이슬람이 중동에 끼친 영향을 살펴보겠습니다. 그 후 이스라엘, 터키, 이란 등이 왜 다른 나라들과는 조금 다른 고유한 민족 정체성을 갖게 되었는지를 그들의 역사를 통해 이해해보려고 합니다. 마지막에는 중동의 현재에 가장 큰 영향을 끼친 사건과 그 영향을 보고요. 최근 들리는 중동 뉴스의 출발점이 되는 시기에 관한 이야기죠.

이슬람교의 등장과 아랍 세계의 형성

지금의 중동을 하나의 문화권으로 묶은 1등 공신은 단연 이슬람교입니다. 지도를 보면 앞서 말했던 중동 지역 대부분이 8세기에 이슬람 제국의 영향력 아래에 들어옵니다. 14세기부터는 아나톨리아반도와 맞은편의 발칸반도도 이슬람 제국의 영토로 들어오죠.

현재 전 세계 약 20억 명, 60여 개국에 달하는 사람들이 이슬람 문화권에 포함되는데요. 이슬람이라는 구분은 이슬람교라는 종교로 시작했지만 건축이나 예술 등 문화적인 의미로도 쓰이고 있죠. 이슬람은 어떻게 중동을 하나로 묶었을까요?

동로마(비잔틴)제국과 사산왕조 페르시아제국이 오랜 기간 전쟁을 치르면서 기존의 동서양 무역로였던 실크로드가 마비됩니다. 그러자 7세기 초 아라비아사막을 가로지르던 무역로가 대안으로 부상했고 이슬람교의 성지인 메카와 메디나도 이때 성장합니다.

메카의 명문 가문에서 태어난 무함마드는 40세가 되던 610년 유일신으로부터 첫 계시를 받고 이슬람교를 완성합니다. 그러나 메카의 상류층에게 배척을 받았고 서기 622년 고향인 메카에서 쫓겨나, 그 추종자들과 함께 메디나로 이주해요. 이를 '헤지라Hegira'라고 하죠. 그래서 이슬람권에서는 서기 622년을 이슬람 달력(헤지라력)의 원년으로 삼고 있습니다. 메디나에서 이슬람 공동체를 만든 무함마드는 서기 630년 메카에 무혈입성하고 아라비아반도를 통일하죠.

그러나 무함마드가 632년 타계하자 이슬람 공동체는 후계자 문제에 부닥칩니다. 이때 아랍인들의 전통에 따라 부족 합의제 방식으로 후계자인 칼리파Khaliifa(칼리프Caliph)를 뽑아요. 무함마드의 후계자인 칼리파는 정치와 종교를 관장하는 이슬람 공동체 최고의 통치자였어요. 632년부터 661년까지 네 명의 칼리파가 선출됩니다. 그래서 이 시기를 선거 군주제의 시기라고 하고, 선거로 뽑힌 정당한 후계의 시대라고 해서, 정통 칼리파 시대라고 합니다.

이 시기 중동 역사의 변두리를 맴돌았던 아랍인들은 동로마가 다스렸던 시리아를 정복하고 사산왕조 페르시아를 멸망시킵니다. 지난 시간에 배웠던 아라비아반도, 레반트, 메소포타미아, 이집트, 이란 지역을 정복하고 이슬람 제국의 기틀을 마련하죠.

프랑크왕국

동로마(비잔틴) 제국

콘스탄티노플

● 코르도바

지중해

카이로

무함마드 시대의 정복지(622~632)

정통 칼리파 시대의 정복지(632~661)

우마이야왕조의 정복지(661~750)

아바스왕조의 영역(750~1258)

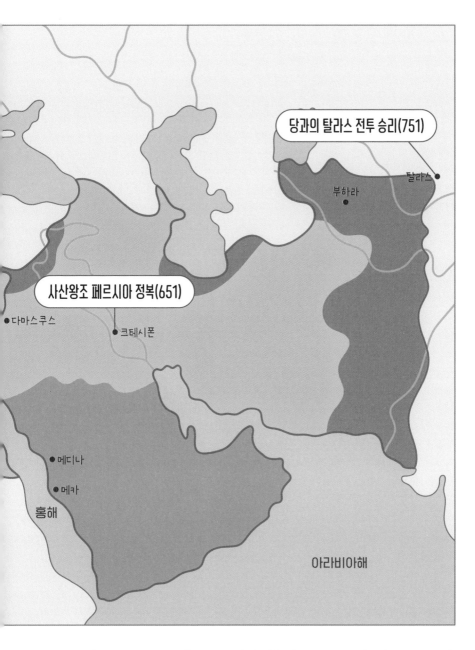

당과의 탈라스 전투 승리(751)

•탈라스

부하라•

사산왕조 페르시아 정복(651)

•다마스쿠스

•크테시폰

•메디나

•메카

홍해

아라비아해

이슬람 제국의 등장으로 중동 지역은 '이슬람'을 중심으로 묶였고, '아랍'이라는 정체성을
더 공고히 하며 확대될 수 있었습니다.

그러나 급격한 정복 사업으로 부강해지자 부족 간 이해관계에 차이가 생기며 갈등이 폭발해요. 특히 무함마드의 사촌이자 사위인 알리가 4대 칼리파가 되고 시리아 총독인 무아위야가 반란을 일으킵니다. 아랍어로 '피트나Fitnah' 내전이 일어나죠. 결국 칼리파 알리가 암살당하고 이슬람 제국은 다시 무아위야에 의해 통일되었어요.

칼리파에 즉위한 무아위야 1세부터는 칼리파 직위가 세습됩니다. 이때부터는 '정통 칼리파 시대'라는 말을 쓰지 않고 '우마이야왕조' '아바스(압바스)왕조' 등으로 부릅니다.

참고로 암살당한 4대 칼리파 알리의 추종자들이 "알리만이 진짜 후계자(칼리파)" "알리의 후손만이 우리의 지도자" "알리의 후손은 죽지 않고 다시 구세주가 되어 돌아올 거야"라고 주장하면서 기존 교단에서 떨어져 나온 게 시아파입니다. '시아Shia'는 '떨어져 나온 무리·분파'라는 의미예요. '알리의 추종자'라는 의미의 '시아트 알리Shiat Ali'에서 유래되었다고도 합니다.

무아위야 1세부터 시작한 우마이야왕조는 661년부터 750년까지 약 100년을 갑니다. 우마이야왕조는 지금의 스페인, 포르투갈이 있는 이베리아반도부터 북아프리카, 이란과 중앙아시아까지 진출한 정복 제국이었어요. 그렇게 정복지도 늘어나고 백성들도 많아졌지만, 아랍인 중심으로 나라를 운영하고 다른 민족들을 차별했습니다. 결국 100년 만에 반란이 크게 일어나서 멸망하고, 아불 아바스에 의해 아바스왕조가 세워집니다.

750년부터 1258년까지 이어진 아바스왕조는 수도를 시리아의 다마스쿠스에서 이라크의 바그다드로 옮기고, 민족을 초월한 범이슬람 제국을 지향합니다. 그래서 후대 역사가들은 아바스왕조를 진정한 의미의 '이슬람 제국'이라고 평가한다고 해요. 여러 민족과 문화가 골고루 융합되면서 이슬람 문화가 전성기에 이릅니다.

7세기 초 무함마드의 이슬람교 창시부터 8~9세기 아바스왕조의 융성까지, 이슬람 제국의 등장은 현재 중동에 큰 흔적을 남겼습니다. 각기 다른 문화를 갖고 있던 중동 지역을 '이슬람'이라는 종교와 문화로 한데 합쳤으니까요. 이후 제국이 분열되고, 몽골제국에 정복당하고, 종파가 나눠지면서도 단 한 곳, 이스라엘을 제외한 중동 지역은 이슬람이라는 빅 텐트로 묶이게 되었습니다.

'아랍'이라는 정체성도 확대되죠. 고대 아랍인은 아라비아반도에서 유목 생활을 하던 부족들이었어요. 정복 제국인 우마이야왕조에서 아랍인은 인종적·신분적 개념이 강했죠. 그러나 아바스왕조 들어서며 아랍인은 '아랍어를 사용하고 이슬람을 믿으며 스스로 아랍인이라고 자칭하는 모든 사람'을 포괄하는 문화적인 개념으로 바뀝니다.

현재 터키(튀르크인), 이스라엘(유대인), 이란(페르시아인) 등을 제외하면 중동 국가 대부분은 '아랍인'과 '아랍 국가'로 묶입니다. 1945년 3월에 만들어진 아랍 연맹에는 현재 사우디아라비아, 이집트, 요르단, 이라크, 시리아, 레바논, 예멘, 리비아, 수단, 모로코, 튀니지, 쿠웨이트, 알제리, 바레인, 카타르, 오만, 아랍에미리트, 모리타니, 소말리아, 팔레스타인, 지부티, 코모로 등 22개의 회원국이 있습니다. 참고로 시리아는 2011년 벌어진 내전 때문에 자격이 정지된 상태입니다.

이슬람 한복판에 세워진 유대교의 나라, 이스라엘

중동 문명이 남긴, 가장 영향력 있는 문화유산은 무엇일까요? 관점에 따라 다를 수 있지만 개인적으로는 '유일신 사상의 종교'라고 생각합니다. 유대교, 기독교, 이슬람교, 조로아스터교까지 모두 중동에서 뿌리를 내리고 세계적인 유일신교로 발전했죠.

바빌로니아왕국, 고대 이집트의 왕국들, 히타이트 등 다양한 고대 문명들이 명멸하고, 그들의 영향을 받은 레반트 지역 나라들이 기원전 1200년경부터 역사에 등장해요. 대표적인 나라가 페니키아와 히브리(헤브라이)왕국이에요. 지중해 연안에 세워진 페니키아왕국은 지중해 무역을 독점하면서 부강해졌고 북아프리카의 지중해 연안에 카르타고 같은 식민 도시도 건설하죠. 페니키아의 표음문자는 나중에 그리스에 전해져 알파벳의 기원이 됩니다. 이 페니키아 사람들의 직계 후손이 지금의 레바논 사람들이에요.

비슷한 시기에 히브리인들도 지금의 이스라엘-팔레스타인 땅에 예루살렘을 수도로 하는 이스라엘 왕국을 세워요. 이들이 중동에서 유일한 비非이슬람교 나라인 이스라엘의 조상들입니다. 구약성경에 나오는 지도자 모세의 가르침을 받들어 유일신 '야훼Yahweh'를 믿습니다. 전성기인 다윗 왕 시절에는 이집트 변경부터 유프라테스강가까지 진출하죠.

그러나 왕위 다툼이 벌어지면서 북이스라엘왕국과 남유다왕국으로 분열되고 북이스라엘은 아시리아에, 남유다는 신바빌로니아왕국에 의해 멸망당합니다. 신바빌로니아왕국은 남유다의 백성들을 본국으로 끌고 가 노예로 삼았는데, 이때부터 히브리인들을 '유다 사람들'이라는 뜻의 '유대인'이라고 부르게 됩니다.

유대인들은 기원전 538년 신바빌로니아를 정복한 페르시아의 아케메네스왕조의 관용 덕분에 이스라엘 지역으로 돌아와 다시 유대 국가인 하스모니아왕조를 세웁니다. 그러나 유대인들은 지중해를 제패한 로마제국에게 반란을 일으켰다가 진압되고 결국 이스라엘 땅에서 추방당해요. 이때 로마가 이 지역의 이름을 팔레스티나족의 이름을 따서 팔레스타인으로 바꿔버리죠.

이후 유대인들은 세계를 떠돌면서도 유대교의 규범과 생활 관습을 유지해요. 그때부터 이런 민족 집단이나 이주 형태를 '디아스포라Diaspora'라고 부르기 시작합니다. 이주한 곳에 동화되지 않고 고유한 규범을 유지하는 유대인들이 할 수 있는 일은 많지 않았어요.

결국 유대인들은 고리대금업 같은 금융업에 종사했고 덕분에 많은 유대인들이 큰 부를 얻었죠. 하지만 이것 때문에 '돈만 많고 다른 민족과 어울리지 않는 사람들'이라는 이미지가 생기면서 각지에서 미움을 받게 됩니다.

유대인들은 이렇게 핍박받으면서 살 바에는 다시 고향으로 돌아가서 우리끼리 살자며, 19세기 말부터 생각을 행동으로 옮기기 시작합니다. 유대인 국가 건설을 위한 민족주의 운동인 시오니즘이 벌어진 거죠. 2차 세계대전 당시 나치 독일이 저지른 홀로코스트(대학살) 때문에 수백만 명의 유대인들이 목숨을 잃고, 남은 유대인들의 상당수가 중동에 있는 자신의 고향으로 돌아가 현대 이스라엘을 건국합니다.

이스라엘-팔레스타인 지역은 현재도 시사적·상식적으로 굉장히 중요합니다. 이곳은 오래전 가나안 땅이라고 불렸지만 기원전 12세기경 팔레스타인 사람들이 지배하면서 팔레스타인으로 불리게 되었죠. 이후 유대교를 믿는 유대인(히브리인)들이 이스라엘왕국을 건설하면서 이스라엘이라고도 불립니다.

시간이 흘러 이슬람 제국이 중동을 지배하고 이슬람교도인 무슬림이 팔레스타인 지역에 살았지만, 2차 세계대전 이후 1948년 유대인들이 이스라엘을 건국하면서 유대인과 무슬림의 분쟁이 끊이지 않는 곳이 되었습니다.

이 짧은 설명으로 유대인의 굴곡진 역사를 전부 알 수는 없습니다. 그러나 유대인들은 1000년 넘게 그들만의 역사를 간직함으로써 고유의 정체성을 형성했고, 2000년 가깝게 세계 각지를 떠돌아다니며 차별과 핍박을 견뎌냈습니다. 결국 1948년 이슬람 세계의 한복판에 유대교의 나라를 세웠죠.

중동에 등장한 최초의 제국, 이란

이번에는 이란입니다. 이란은 왜 다른 중동 국가들과 다르게 '아랍'으로 통합되지 않고 자신들만의 민족 정체성을 갖게 되었을까요?

수메르인, 아카드인, 바빌로니아왕국, 함무라비 대왕, 히타이트, 아시리아, 신바빌로니아왕국……. 중동 문명이 탄생하고 기원전 6세기까지, 중동의 고대사에 나오는 다양한 강자들입니다. 역사책에 따라서는 이들을 '제국'이라고 표현하기도 하죠. 그러나 여기에서는 제국이라는 표현을 쓰지 않을 거예요. 이슬람 제국이 등장하기 전, 중동 세계에서 가장 거대한 영토를 제패한 진짜 제국이 바로 다음에 등장하거든요.

바로 현재 이란인의 조상들이 세운 페르시아제국입니다. 역사책에서는 나중에 나오는 사산왕조 페르시아와 구분하고자 아케메네스왕조 페르시아라고 표현하기도 합니다. 영화 〈300〉 속 노예들 위에서 "나는 관대하다"라고 거만하게 말하는 대머리 나체 황제가 페르시아제국의 황제인 크세르크세스 1세예요. 영화에서는 근육질의 스파르타 전사와 대비되도록 기괴하게 묘사됩니다. 유럽과 미국에서 만들어진 문화 예술 작품에서도 페르시아제국은 대부분 폭압적인 악당으로 그려지죠. 그러나 당시 아테네나 스파르타 등 그리스 도시국가(폴리스)들보다 개방적이고 관대한 나라였어요.

기원전 8세기 이란인의 조상들은 현재 이란의 파르스 지방에 정착하다가 기원전 6세기부터 본격적인 정복에 나섭니다. 전성기인

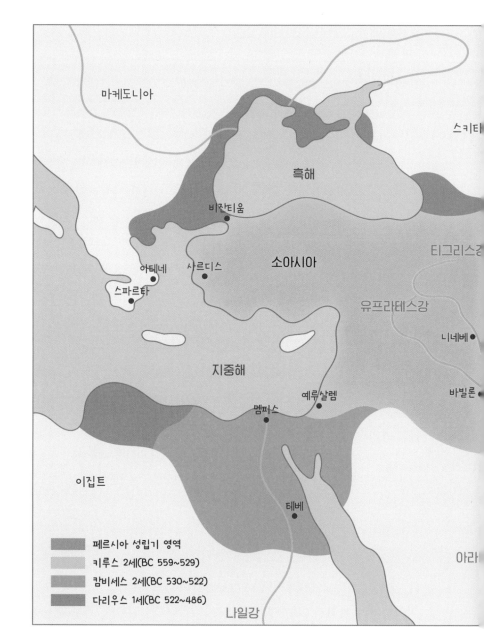

마케도니아

스키타

흑해

스키타

비잔티움

소아시아

티그리스강

아테네

사르디스

스파르타

유프라테스강

니네베

지중해

바빌론

예루살렘

멤피스

이집트

테베

아라

페르시아 성립기 영역
키루스 2세(BC 559~529)
캄비세스 2세(BC 530~522)
다리우스 1세(BC 522~486)

나일강

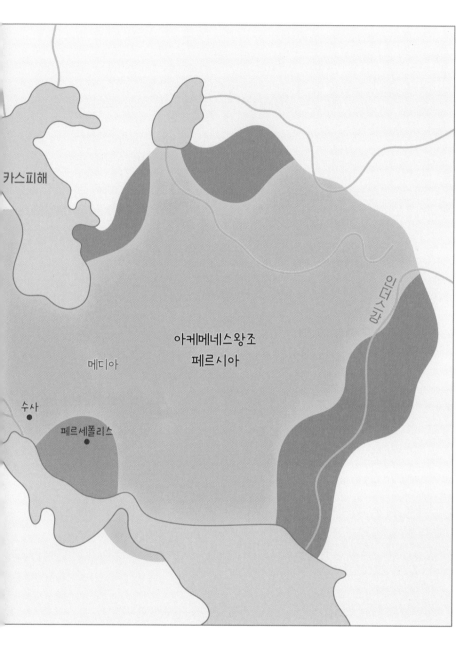

카스피해

인더스강

아케메네스왕조
페르시아

메디아

수사

페르세폴리스

이란은 기원전 6세기 아케메네스왕조 페르시아가 팽창할 때부터 기원후 7세기 사산왕조가
멸망할 때까지 약 1000년 동안 자신들의 정체성을 다져왔습니다.

다리우스 1세 때에는 남아시아의 인더스강과 중앙아시아 지역부터 이집트, 아나톨리아반도, 유럽의 발칸반도 일부까지 정복합니다. 유럽, 아시아, 아프리카, 세 개 대륙에 걸친 대제국을 만든 거죠.

페르시아제국은 기원전 5세기 동지중해의 패권을 놓고 그리스 도시국가들과 싸우는데요. 이른바 페르시아전쟁이죠. 결국 전쟁에서는 패배했지만 이후 그리스 도시국가들에 영향력을 행사하면서 그리스의 내전인 펠로폰네소스전쟁에도 관여합니다. 모든 역사가 그렇듯 이후 페르시아제국도 쇠퇴하다가 마케도니아왕국의 알렉산드로스대왕에게 멸망당합니다.

알렉산드로스대왕의 헬레니즘 제국도 오래 가지는 못했어요. 그러나 이후 아나톨리아와 레반트, 이집트 지역은 그리스-로마인들이 세운 나라의 영토가 됩니다. 특히 로마제국 시절 남유럽부터 북아프리카까지 지중해 세계는 하나의 제국으로 통합되죠.

그런데 로마제국의 동쪽 국경을 끊임없이 위협한 나라가 있습니다. 이번에도 이란계 민족이 세운 파르티아예요. 이란 북부를 기반으로 성장한 파르티아는 기원전 3세기부터 기원후 3세기까지 약 500년 동안 로마제국과 경쟁했습니다.

이후 이란 남부에서 성장해 파르티아를 멸망시킨 사산왕조 페르시아도 로마제국의 가장 큰 경쟁 상대였어요. 로마제국은 북쪽의 게르만족과 동쪽의 사산왕조의 침략 때문에 군비 지출이 심해졌고 '3세기의 위기'라고 불리는 혼란기를 겪어요. 로마제국이 분열된 이후에도 동로마제국과 동서 무역로의 주도권을 두고 싸웁니다.

이란은 기원전 6세기 아케메네스왕조 페르시아가 팽창할 때부터 기원후 7세기 사산왕조 페르시아가 이슬람 제국에게 멸망당할 때까지 약 1000년 동안 중동 지역을 호령하며 자신들의 정체성을 다져온 거예요. 물론 그 이후에도 이란계 나라들은 끊임없이 등장하고요. 종교가 조로아스터교에서 이슬람교로 바뀌고 몽골제국에게 침략을 받더라도, '우리는 이란인'이라는 정체성과 고유한 문화를 유지했죠.

이슬람 세계의 마지막 제국, 터키

터키가 위치한 아나톨리아반도의 역사는 지구상에서 가장 복잡한 역사 중 하나로 꼽을 수 있어요. 이 지역을 차지했던 굵직한 나라들과 민족들만 나열해볼게요. 히타이트, 그리스, 아케메네스 페르시아제국, 알렉산드로스 제국, 로마제국, 동로마제국, 셀주크제국, 오스만제국…… 정말 많죠? 유럽과 중동 사이에 있어서 유럽사와 중동사가 끊임없이 교차합니다.

현재 터키의 주류 민족도 아랍인이 아니라 중앙아시아 민족들과 더 가까운 튀르크계예요. 이슬람권이기 때문에 중동 국가로 묶이는 만큼 중동 지역에 영향력을 행사하려고 하지만, 민족적으로 차이가 있어서 거리를 두기도 합니다. 현대에 들어서는 꾸준하게 유럽으로 편입되는 것을 원하면서도 정권에 따라 외교 노선이 달라지기도 해요. 터키는 왜 독자 노선을 밟는 나라가 되었을까요?

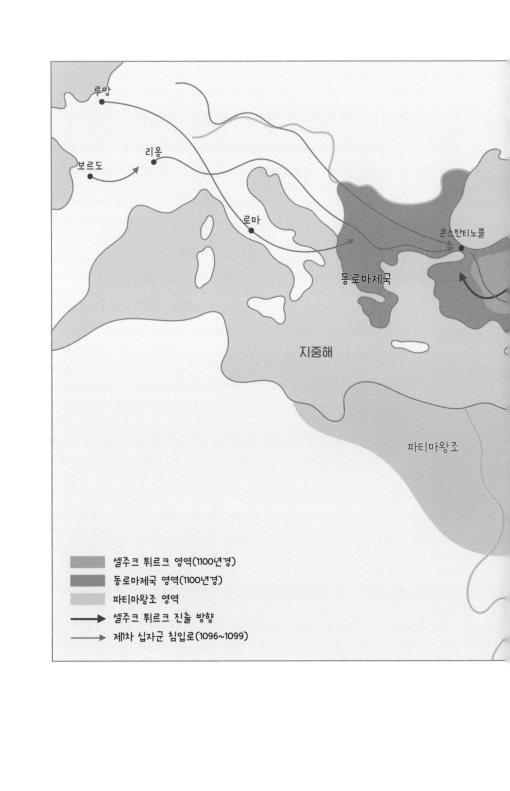

루앙

리옹

보르도

로마

콘스탄티노플

동로마제국

지중해

파티마왕조

셸주크 튀르크 영역(1100년경)
동로마제국 영역(1100년경)
파티마왕조 영역
셸주크 튀르크 진출 방향
제1차 십자군 침입로(1096~1099)

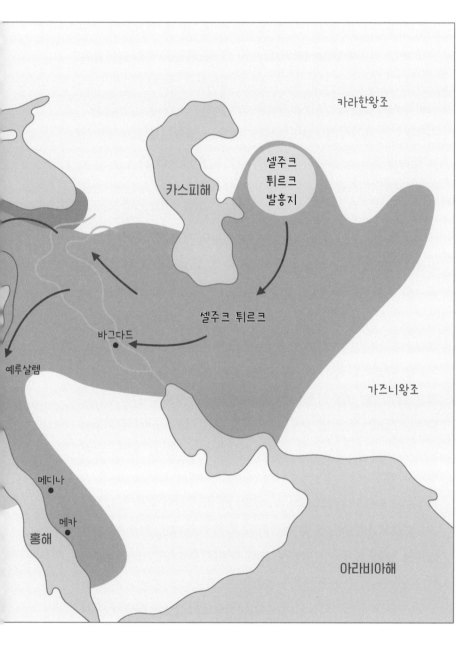

카라한왕조

카스피해

셀주크
튀르크
발흥지

셀주크 튀르크

바그다드

예루살렘

가즈니왕조

메디나

메카

홍해

아라비아해

아바스왕조의 쇠퇴와 함께 이슬람 세계는 튀르크계 제국들이 주도해나갔습니다. 터키는 튀르크 제국 중 가장 강력한 제국이었던 오스만제국의 직계 후손이라고 할 수 있죠.

중국 역사를 보면 '돌궐'이라고 기록된 유목민족이 등장합니다. 중국 북부 초원에서 당나라와 경쟁하며 맹위를 떨치지만 쇠퇴하고 서쪽으로 이동해요. 그렇게 서쪽으로 이동한, 돌궐의 후손으로 추정되는 사람들이 중앙아시아와 중동에서 '튀르크'라고 기록됩니다.

튀르크인들은 아바스왕조가 쇠퇴하면서 중앙아시아와 중동에 조금씩 진출하기 시작해요. 그리고 카라한왕조와 가즈니왕조로 대표되는 그들만의 나라를 만들기 시작합니다.

특히 카라한왕조는 10세기 이슬람교를 받아들이고 개종한 최초의 튀르크 왕조입니다. 왕조의 개종 덕분에 튀르크인들의 이슬람화가 가속화되죠. 중세 유럽에서 프랑크왕국 등 게르만 왕조들이 기독교로 개종하면서 게르만족들이 기독교를 받아들이게 된 것과 비슷한 느낌이에요.

중동 세계에 대한 튀르크계의 영향력이 점차 증가하다 11세기 중반 튀르크계인 셀주크왕조는 혼란한 이슬람 세계를 재통일해요. 1055년 바그다드에 입성해 아바스왕조의 칼리파로부터 '술탄Sultan'이라는 칭호를 받습니다.

술탄은 아랍어로 원래 '권력'을 뜻하지만 이때 이후로 이슬람교의 최고 권위자인 칼리파가 수여하는 정치적 지배자의 칭호가 되죠. 중세 서유럽에서 로마 가톨릭의 최고 권위자인 교황이 카롤루스대제 등의 정치적 지도자를 로마 황제로 추대하는 것과 느낌이 비슷해요.

이슬람 세계를 정리한 셀주크제국은 동로마제국을 공격해 아나톨리아 지역으로 진출합니다. 이때부터 아나톨리아반도도 이슬람화되기 시작해요. 셀주크제국이 기독교의 성지이자 이슬람교의 성지인 예루살렘까지 점령하면서, 기독교 사회가 긴장하기 시작하고 결국 1096년부터 200여 년간 종교전쟁인 십자군 전쟁이 일어나죠. 셀주크제국은 100여 년 만에 망하고 혼란해지다가, 몽골제국이 중동을 정복하면서 꼭두각시 제국 아바스왕조도 1258년 멸망합니다.

여기서 우리가 알아야 할 것은 아나톨리아 지역이에요. 앞서 셀주크왕조가 동로마를 공격해서 아나톨리아반도 일부를 손에 넣었다고 이야기했죠? 이후 몽골제국의 무자비한 정복 때문에 중앙아시아에 있던 몇몇 튀르크계 부족은 아나톨리아 지역으로 이주해요. 그러다가 점차 힘을 키워서 이슬람 제국으로 변모하죠. 이슬람 세계의 마지막 제국, 오스만제국으로 말이죠. 오스만제국은 1299년에 건국되고 1922년에 멸망합니다. 1299~1922, 외우기 쉽죠?

오스만왕조는 1400년경 아나톨리아반도의 대부분을 정복하고 유럽의 발칸반도로도 진출합니다. 그리고 1453년, 로마제국 분열 이후에도 1000년 넘게 존재해온 동로마제국을 멸망시킵니다. 이후 동로마의 수도인 콘스탄티노플을 자신들의 수도로 삼고 이름도 '이스탄불'로 바꾸죠. 참고로 현재 터키의 수도는 이스탄불이 아니라 아나톨리아고원 중앙에 있는 앙카라예요.

오스만제국은 다른 종교도 존중하는 정책을 폈으며, 강력한 군사력을 바탕으로 지금의 발칸반도 전역을 정복했어요. 어쩌면 오스트리아의 수도 빈까지 함락할 뻔했죠.

아바스왕조가 쇠퇴하면서 이슬람 세계는 튀르크계 제국들이 주도해갔습니다. 중앙아시아에서 소아시아(아나톨리아반도)까지 활동한 튀르크계 왕조의 후손은 여전히 중동 각 지역에 있어요. 중앙아시아의 카자흐스탄, 키르기스스탄, 우즈베키스탄, 투르크메니스탄, 그리고 캅카스산맥 어귀의 아제르바이잔은 모두 범凡튀르크계 국가들입니다.

그러나 이슬람 세계의 마지막 제국, 오스만제국의 직계 후손인 터키의 민족적 자부심을 따라올 수는 없겠죠. 근세 유럽을 공포에 떨게 한 오스만제국의 후손인 터키가 중동의 다른 나라들과 조금 차별되는 이유는, 바로 여기에 있습니다.

밖으로부터의 독립, 안에서 시작된 분열

아랍인들이 이슬람 제국을 세우고, 이란인들의 조상이 중앙아시아까지 진출해 이슬람교를 전파하고, 이후 튀르크인들이 최후의 제국을 세우며 지금의 중동 권역이 만들어졌습니다. 이렇게 만들어진 중동을 잠깐 밖에서 한번 살펴볼까요?

중동은 지중해와 인도양 사이에 있습니다. 인도와 동남아시아에서 나오는 향신료 등의 물자들이 홍해와 페르시아만을 거쳐 유럽으로 전달되죠. 중동은 유럽과 동아시아를 잇기도 합니다. 중국에서 만들어진 도자기와 비단이 사막길(실크로드)을 거쳐 중동으로 와서 유럽에 전달되죠. 중동은 유라시아 세계의 교차로인 셈입니다.

아랍인들이 이슬람 제국을 세운 7세기부터 오스만제국의 전성기인 16~17세기까지, 약 1000년 동안 중동 사람들은 유라시아 대륙의 동서 무역을 독점하면서 막대한 부를 거머쥐었습니다. 다양한 문물을 받아들이게 되면서 과학 등 학문 분야에서도 뛰어난 발전을 이룹니다.

그러나 유럽인들이 대서양을 건너 신대륙(아메리카)을 발견하고 새로운 무역로를 찾아내면서 중동은 큰 타격을 입습니다. 동시에 이런 급격한 국제정세의 변화가 오스만제국의 쇠퇴와 맞물리면서 중동 권역은 옛 영광을 잃어버리고, 유럽 열강의 먹잇감으로 전락하고 맙니다.

이를 토대로 중동의 지도를 이해하기 위한 중동사의 마지막 장면을 보겠습니다.

중동을 지리적으로 알고 현재 흘러가는 정세를 해석하려면 반드시 알아야 할 전쟁이 있습니다. 바로 1차 세계대전이에요. 1914~1918년 총 4년간 이어진 전쟁에서 중동, 특히 아랍은 유럽 제국주의 국가들의 개입과 분열책 때문에 사분오열되는 비극을 맞습니다. 이슬람 세계의 마지막 제국인 오스만제국은 독일 편에 서서 영국, 프랑스, 러시아 등과 싸웠죠.

1차 세계대전에서 독일, 오스트리아-헝가리제국, 오스만제국 등이 소속된 동맹국은 패전했습니다. 19세기부터 영토를 야금야금 빼앗기던 오스만제국은 이때 아예 와해되었죠. 그나마 제국의 핵심부인 아나톨리아 지방에서는 터키의 국부로 칭송받는 무스타파 케말의 활약 덕분에 터키가 수립됩니다.

문제는 오스만제국의 영토였던 레반트, 이라크, 아라비아반도였어요. 1차 세계대전 당시 영국은 전쟁을 유리하게 끌고 나가려고 서로 다른 세 개의 약속을 합니다.

1915년에는 후세인-맥마흔 서한을 통해 아랍인들의 통일 왕국 건설을 약속하는 한편, 1917년 밸푸어선언에서는 유대인들의 민족 국가 설립을 약속했죠. 하지만 사실 1916년 사이크스-피코협정을 통해 아랍 지역을 영국, 프랑스, 러시아가 분할 점령하기로 비밀 약속합니다. 결국 1차 세계대전 이후 사이크스-피코협정대로 러시아에게 터키 동부 지방을 떼주고 프랑스는 시리아와 레바논 지역을, 영국은 요르단과 이라크 지역을 차지하고 팔레스타인 지방은 공동 관리합니다.

이때 레반트와 이라크 지역이 영국과 프랑스의 보호령으로 한 번 나뉘었고, 이후 영국에 의해 요르단과 이라크로 쪼개지고, 프랑스에 의해 시리아와 레바논으로 분리됩니다. 유럽 열강에 의한 자의적인 국경선 때문에 이라크, 시리아, 레바논에서는 민족과 종교를 둘러싼 내전이 여전히 끊이지 않습니다.

그런가 하면 밸푸어선언을 믿은 유대인들은 자신들의 2000년 전 고향인 팔레스타인으로 돌아오기 시작해요. 결국 2차 세계대전 이후 UN이 팔레스타인을 아랍 국가와 유대 국가 두 개로 분할하자고

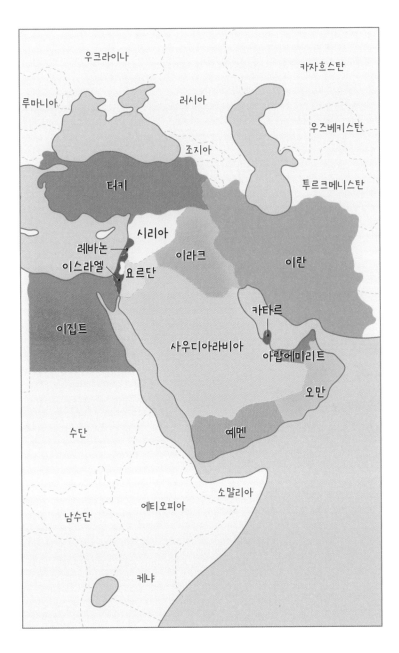

우크라이나

카자흐스탄

루마니아

러시아

우즈베키스탄

조지아

투르크메니스탄

터키

시리아

레바논

이라크

이란

이스라엘

요르단

카타르

이집트

사우디아라비아

아랍에미리트

오만

수단

예멘

소말리아

에티오피아

남수단

케냐

1차 세계대전을 거치며 중동 지역은 유럽 제국주의 국가들의 개입 등으로 분열되기 시작
했습니다.

제안했지만 아랍 측이 거절했고 1949년 전쟁이 시작됩니다.

　이스라엘이 전쟁에서 승리하며 팔레스타인 지역의 주도권을 갖게 되었지만, 전쟁은 이후에도 1956년, 1967년, 1973년 세 차례나 더 일어났고 국제적인 분쟁 지역이 되었죠. 여기에 쿠웨이트, 바레인, 카타르, 아랍에미리트 등은 19세기부터 영국의 보호령으로 있다가 석유가 발견되면서 1960~70년대가 되어서야 개별적으로 독립합니다.

　이슬람교·아랍어·아랍인이라는 공통분모로 단일 문화권을 형성하고 있던 아랍 지역은 20개가 넘는 개별 국가로 분할되었고 상충하는 이해관계로 협력과 분쟁을 거듭하고 있는 상황입니다.

　하나의 문화권이 반드시 하나의 나라를 형성해야 하는 것은 아닙니다. 통합이 반드시 좋은 결과를 낳는 것도 아니고요. 그러나 다른 나라가 자의적으로 나눈 국경선이 공통의 뿌리를 가진 나라에 혼란을 만들고 피를 부르는 전쟁까지 유발했다는 것은 것은 결코 부인할 수 없는 사실입니다.

문명의 요람에서 혼란의 대륙으로, 중동 챕터 정리

✳ 중동이란 이집트-메소포타미아문명이 꽃피고 이슬람 제국이 형성된 지역을 가리킵니다. 민족적으로는 아랍인들이 많고, 종교적으로는 이슬람교를 믿으며, 지리적으로는 사막이나 고원지대가 많죠.

✳ 아라비아반도에서 살던 아랍인들은 이슬람교를 바탕으로 현재 중동 권역의 토대를 만들었습니다. 그러나 페르시아제국을 세운 이란인들과 셀주크-오스만제국을 세운 터키인들은 이슬람교를 받아들이면서도 자신들만의 정체성을 유지하고 있습니다.

✳ 1차 세계대전이 끝나고 오스만제국이 멸망하면서 중동 사람들은 각기 독립하지만, 유럽 열강의 영향력하에 놓이게 됩니다. 특히 전 세계를 떠돌던 유대인들이 자신들의 고향인 이스라엘(팔레스타인)로 돌아오면서 중동 지역에 갈등이 유발됩니다. 또한 20세기에 중동 각지에서 석유가 발견되며 경제적 이권을 둘러싼 갈등이 현재까지도 벌어지고 있습니다.

✳ 오늘날에는 유럽의 시각에서 만들어진 '중동中東'이라는 용어대신 '메나 MENA, Middle East and North Africa' '서남아시아와 북아프리카'로 부르자는 주장도 나오고 있습니다.

CHAPTER 2 .

지리가 만든
여러 개의 나라,

유럽

크지도 않은 땅에 산맥도 많고, 강도 많고, 반도도 많고, 바다도 많은 유럽.
이처럼 만성적 분열을 부추기는 환경 탓에 유럽은 하나의 문화권으로
힘을 집중시키지는 못하지만, 특유의 자유와 경쟁으로 신대륙 발견, 산업혁명 등
새로운 가능성을 찾아낼 수 있었습니다.

유럽의 자연지리
산도 바다도 많은 유럽

민주주의부터 자본주의, 산업화까지…… 우리는 어쩌면 유럽이 만든 세상 속에서 살고 있는지도 모릅니다. 유럽이 세계를 이끄는 힘을 공간적 배경에서 한번 찾아볼까요?

21세기라는 현재의 시간, 그리고 지구라는 공간에서 사는 세계 모든 사람들은 유럽이 만든 세상에서 살고 있습니다. 무슨 이야기냐고요? 유럽에서 나온 민주주의와 민족주의, 유럽에서 나온 자본주의와 산업화, 그리고 유럽에서 나온 제국주의와 인종주의까지. 유럽의 역사를 알아야 지금의 우리를, 지금의 세계를 이해할 수 있습니다.

유럽을 중심으로 형성된 역사를 이해하기 위해, 이번에는 유럽의 지리와 지도에 대해 아는 척하는 시간을 가져보겠습니다. 먼저 유럽의 자연지리를 알아보려고 해요. 유럽은 지리적으로 러시아의 우랄산맥을 동쪽 경계로, 포르투갈과 영국과 아일랜드와 북해의 섬 등을 서쪽 경계로 봅니다.

아이슬란드

북대서양

스웨덴

핀란드

노르웨이

러시아

북부 고지대

북해

영국

벨라루스

독일   폴란드

중부 저지대(평원지대) 우크라이나

프랑스

루마니아

남부 알프스 지대

흑해

스페인

이탈리아

터키

지중해

모로코

알제리   리비아   이집트

유럽을 지리학적으로 구분하면 '호(弧)' 형태를 이룹니다. 지중해와 알프스 지대는 남부, 강과 평원지대는 중부, 고원지대는 북부로 나뉩니다.

지도를 가만히 보면 유라시아 대륙에서 삼각형 모양으로 튀어나온 게 반도의 모양을 하고 있죠. 그래서 보통 '유럽 대륙'이라고 하지만 거대한 반도로 볼 수도 있습니다. 심지어 유럽 안에도 반도와 바다가 많습니다.

유럽을 지리학적으로 구분하면 호弧 형태를 이루고 있다고 해요. 가장 남쪽에 지중해와 알프스 지대, 중간에 다양한 강과 평원지대, 서쪽 끝과 북쪽에 고원지대가 있어요. 남쪽부터 차례로 살펴보죠.

바다와 산맥이 맞닿아 있는 곳, 남부 유럽

'지중해地中海'는 '땅 가운데 있는 바다'라는 의미입니다. 하지만 먼 옛날 지중해는 탁 트인 바다였어요. 그러다 유라시아 대륙판 서쪽 끝(유럽)과 아프리카판(지중해)이 충돌합니다. 이후 유럽과 중동이 가까워지고 지중해는 지금처럼 땅 가운데 있는 바다가 됩니다.

지중해는 가로로 긴 바다예요. 넓은 각도에서 지중해의 북쪽을 보면 반도 네 개가 누르고 있는 모습입니다. 가장 서쪽에는 이베리아반도, 중간에는 이탈리아반도, 가장 동쪽에는 발칸반도와 소아시아(아나톨리아)반도가 있습니다. 유럽 대륙을 아는 척하려면 이 반도들을 기억해주시면 됩니다.

가로로 긴 지중해는 지리적으로든 역사적으로든 동서로 구분해요. 이베리아반도와 이탈리아반도 사이가 서지중해, 발칸반도와 소아시아반도가 있는 바다가 동지중해예요.

지중해가 생기면서 바로 알프스-히말라야조산대의 서쪽 부분이 만들어졌습니다. 그래서 지중해의 북부에 해당하는 남유럽의 땅들은 높은 산과 산맥들이 많아요. 실제로 평원이 많은 프랑스와 독일 북부와 비교했을 때, 스페인이나 이탈리아, 그리스는 농사짓기 좋은 평원이 적습니다.

지중해 위에 있는 남유럽은 알프스 지대라고 불러요. 피레네산맥, 알프스산맥, 아펜니노산맥, 카르파티아산맥, 발칸산맥 등 이름은 다르지만, 지질학적 특징을 공유합니다.

알프스산맥은 다시 이탈리아 바로 위에 있는 율리안알프스, 옛 유고슬라비아연방(유고슬라비아사회주의연방공화국)의 영토를 지나는 디나르알프스, 그보다도 동쪽에 루마니아를 가로지르는 트란실바니아알프스(남카르피티니아산맥)로 구분할 수 있습니다. 율리안알프스는 로마제국의 율리우스 카이사르(줄리어스 시저)의 이름에서 따왔다고 하네요.

참고로 알프스산맥은 서쪽이 높고 동쪽으로 갈수록 낮아져요. 서유럽의 최고봉, 알프스산맥의 최고봉은 프랑스와 이탈리아 국경에 있는 '몽블랑'이에요. 프랑스어로 '흰 산' '백두산白頭山' 같은 의미죠.

서지중해 | 이베리아반도, 프랑스, 이탈리아

서쪽 끝부터 볼게요. 북쪽의 이베리아반도와 남쪽의 아틀라스산맥이 마주 보고 있고, 그 사이에는 유럽과 아프리카 대륙이 가장 가깝게 붙어 있는 지브롤터해협이 있죠.

아틀라스산맥과 지브롤터해협은 그리스 로마 신화와도 관련이 있어요. 아틀라스는 거신족巨身族 티탄의 후손인데, 천계를 어지럽힌 죄로 제우스가 땅끝에서 하늘을 이고 있으라는 벌을 내려요. 그래서 지중해의 서쪽 끝, 아틀라스산맥의 이름이 아틀라스가 됩니다.

참고로 아틀라스는 지구를 이고 있는 만큼 지도책에 자주 실려요. 그래서 아틀라스가 '지도책'이라는 뜻도 갖게 됩니다. 지브롤터해협은 '헤라클레스의 (두) 기둥'이라는 별명이 있어요. 땅으로 막힌 이곳을 헤라클레스가 뚫고 양쪽에 기둥을 박아놓았다는 거죠.

이베리아반도에도 산지가 많습니다. 남쪽에는 시에라네바다산맥, 북쪽에는 칸타브리아산맥, 프랑스와의 경계선에는 피레네산맥이 있습니다. 가운데에는 메세타고원이 있는데 거기에 스페인의 수도 마드리드가 있습니다. 참고로 분리 독립 문제로 갈등이 큰 스페인의 카탈루냐 지역은 피레네산맥 남쪽의 지중해를 끼고 있는 지역입니다. 바닷가에 카탈루냐의 중심지, 바르셀로나가 있습니다.

이곳들은 북아프리카와 비슷한 자연환경, 그리고 오랜 이슬람 지배 때문에, "아프리카는 피레네산맥 남쪽에서부터 시작된다Africa Begins at the Pyrenees" "유럽은 피레네산맥에서 끝난다Europe Ends at the Pyrenees"라는 말까지 있다고 해요.

한편 유럽을 남부와 북부로 나눌 때 '와인 벨트Wine Belt'와 '비어 벨트Beer Belt'로 부르기도 합니다. 따뜻하고 햇볕이 많이 드는 남유럽에서는 와인을, 상대적으로 추운 북유럽에서는 맥주를 많이 생산하고

가로로 긴 지중해에는 네 가지 반도(이베리아반도, 이탈리아반도, 발칸반도, 소아시아반도)
가 있고, 큰 산맥들이 있으며(피레네산맥, 알프스산맥 등), 섬도 많습니다.

그만큼 많이 소비하기 때문인데요. 그런 면에서 프랑스는 지리적으로 남부와 북부의 '점이지대'로서, 와인뿐만 아니라 맥주도 많이 만들죠. 그래서 프랑스 남부는 역사적으로나 지리적으로나 분위기가 남유럽, 지중해와 가깝습니다. 지중해를 이야기할 때 가끔 프랑스를 빼먹기도 하는데, 반드시 기억해야 하는 나라입니다.

이탈리아 지리는 굉장히 친숙한 편입니다. 북쪽에 알프스산맥이 있고 장화 모양의 반도가 있습니다. 이탈리아반도는 아펜니노반도라고도 해요. 이탈리아반도에 등뼈처럼 형성된 산맥이 아펜니노산맥이거든요. 우리나라 한반도의 백두대간 같은 산줄기가 이탈리아반도의 아펜니노산맥이라 보면 됩니다.

고대 로마제국이 갖는 풍요로운 이미지와 달리, 이탈리아 땅도 알프스-히말라야조산대의 일부라서 산지가 많습니다. 그래서 고대 로마 시대에도 이탈리아반도는 식량 자급에 애를 먹을 정도였어요.

이탈리아 북부에는 그 유명한 루비콘강이 흐릅니다. 고대 로마 시절 이탈리아 본토와 갈리아 속주의 경계로서, 장군들이 나라에 대한 충성을 증명하고자 군대를 해산해야 하는 경계선이었죠.

공화정 말기 카이사르가 이를 어기고 본토로 진격해서 로마의 패권을 잡습니다. 이 일화에서 '돌이킬 수 없는 중대한 결정을 내렸다'는 의미의 '루비콘강을 건넜다'라는 말이 생겨난 것입니다. 이탈리아 북부 지역은 곡창지대이자 거대한 상공업 지대이기도 해요.

이탈리아 서쪽에는 이탈리아 남부와 역사적으로 밀접한 섬들이 있습니다. 지중해에서 가장 큰 섬인 시칠리아, 이탈리아 영토인 사르데냐섬과 프랑스 영토인 코르시카섬이 있어요. 사르데냐섬과 코르시카섬은 굉장히 가까이 있지만 영토의 소유는 서로 다릅니다.

동지중해 | 이오니아해, 에게해, 그리스

동지중해로 건너가서 아드리아해 남쪽으로 이탈리아 남부와 그리스 사이에는 이오니아해, 그리고 그리스와 터키 사이에는 에게해가 있습니다.

참고로 이오니아해와 에게해, 그리고 서지중해의 티레니아해 모두 그리스 로마 신화에서 어원을 찾을 수 있습니다. 고대 그리스의 도시국가들이 지중해의 초기 역사를 주도해서 바다의 이름도 고대 그리스의 영향을 많이 받았어요.

발칸반도의 최남단이자 그리스의 최남단은 섬처럼 생겼지만, 발칸반도와 연결된 반도인데요. 바로 펠로폰네소스반도입니다. 이곳의 도시국가 스파르타는 고대 펠로폰네소스반도의 다른 도시국가들 맹주였습니다. 동쪽 에게해 바닷가에는 그리스의 수도이자, 가장 유명한 도시인 아테네가 있어요.

그리스 북쪽은 마케도니아 지역입니다. 알렉산드로스대왕이 세계 제국을 만든 나라의 지명이죠. 고대 마케도니아 지역을 현재 그리스와 북마케도니아가 나눠 갖고 있어요. 그래서 그리스와 북마케도니아는 고대 마케도니아의 역사와 이름을 두고 싸우는 중입니다.

유럽의 화약고, 발칸반도

발칸반도는 이탈리아반도와 아나톨리아반도 사이, 아드리아해와 이오니아해, 에게해와 흑해 사이에 있는 '뿔 달린 사다리꼴' 모양의 땅입니다. 발칸반도에 대해 이해하려면 먼저 강 이야기부터 해야 합니다.

유럽에서 두 번째로 긴 강이자 유럽 중부와 동부의 젖줄, 그리고 2019년 헝가리에서 발생한 유람선 사고로 많은 이들의 가슴을 아프게 한 곳, 바로 다뉴브강입니다. 이 강은 독일 남부에서 발원해요. 그래서 영어인 다뉴브강, 독일어인 도나우강 모두 우리에게 친숙한 편이죠.

거친 산과 울창한 숲

다뉴브강은 독일에서 오스트리아, 헝가리를 지나다가 헝가리 수도 인 부다페스트에서 갑자기 직각으로 떨어져요. 그런데 또 계속 남쪽으로 가지 않고 중간에서 갑자기 동쪽으로 휩니다. 그러다가 흑해를 앞두고 갑자기 북쪽으로 살짝 올라갔다가 흑해로 흘러가요. 희한하죠? 알프스산맥, 카르파티아산맥 때문에 강의 경로가 춤을 추는 듯해요.

덕분에 많은 나라들의 젖줄 역할을 하거나 국경선 역할을 하죠. 고대 로마제국도 자신들의 북방 경계선을 라인강과 다뉴브강으로 삼기도 했어요. 다뉴브강은 유럽 근현대사에서 가장 혼란했던 남동 유럽 발칸반도의 경계선 역할도 합니다.

발칸반도의 경계는 보통 드라바강, 사바강으로 두지만 크로아티아, 보스니아-헤르체고비나, 세르비아, 몬테네그로, 코소보, 알바니아, 북마케도니아, 불가리아, 그리스, 터키 등 발칸반도에 있는 나라들도 꼽습니다. 정치적인 문제 때문에 슬로베니아와 루마니아를 포함할 때도 있죠.

트란실바니아알프스에서 다뉴브강 건너에 있는 산맥이 발칸산맥이에요. 발칸산맥에서 '발칸'이라는 말은 터키어로 '산'이라는 의미입니다. 옛 터키어로 '발라크Balak'는 '높은' '거대한'이라는 의미를 갖고 있었는데, 나무들이 높게 자라는 모습을 나타내는 단어였죠. 오스만제국이 이 지역을 정복한 이후 발칸산맥 이남의 지역을 부르는 지명으로 굳어지면서, 발칸반도의 이름도 이 발칸산맥에서 유래되었습니다.

그렇다고 해서 '발칸'이라는 단어가 이 지역을 가리키는 절대적인 명칭은 아닙니다. 고대 그리스인들은 그리스 신화에 나오는 트라케의 왕, 하이모스의 이름 따와서 이 반도의 이름을 하이모스반도라고 불렀어요. 슬라브인들은 발칸산맥을 '오래된 산'이라는 뜻의 '스타라플라니나'라고도 부릅니다. 게다가 20세기에 발칸반도에서 벌어진 국제적인 분쟁 이슈들로 '발칸'이라는 이름에 부정적인 이미지가 생기기 시작하면서, 발칸반도라는 이름 대신 '남동유럽'이라는 명칭을 사용하자는 주장도 나오고 있죠.

역사책을 보면 이 지역을 세부적으로 부르는 용어가 있습니다. 달마티아, 모아시아, 트라키아 등 주로 고대 로마제국 시대에 붙여

프랑스

독일

슬로바키아

빈 ●

부다페스트 ●

드라바강

오스트리아

판노니아 분지(평원)

스위스

헝가리

슬로베니아

사바강

크로아티아

베오그라드 ●

보스니아
헤르체고비나

디나르알프스산맥

세르비아

이탈리아

아드리아해

코르시카

몬테네그로

코소보

북마케도니아

사르데냐

알바니아

시칠리아

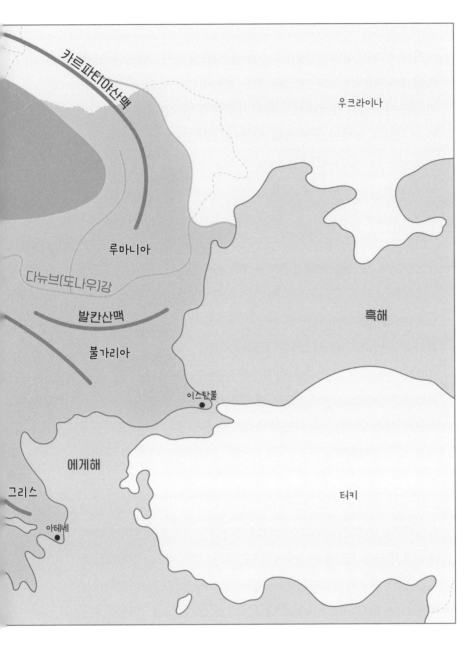

다뉴브강은 많은 산맥들의 영향으로 경로가 복잡합니다. 덕분에 발칸반도 여러 나라들의 젓줄 역할을 하거나 국경선 역할을 하죠.

진 행정구역 속주의 이름이에요.

원래는 고대 일리리아왕국의 이름을 따 일리리아 지역이라고 했지만, 이 지역에서 반란이 일어나면서 남과 북이 분리됩니다. 아드리아해 해안가는 달마티아, 북쪽의 평원지역 일부는 판노니아로 나뉘죠. 참고로 달마시안이라는 강아지 품종의 고향이 달마티아 지방이에요. 지금 이 지역은 크로아티아 영토지만, 아드리아해를 사이에 두고 이탈리아와 마주 보고 있어서 이탈리아의 영향을 많이 받습니다.

로마제국 시절 속주였던 판노니아는 근처의 평원 전체를 가리키게 되었어요. 알프스산맥과 카르파티아산맥이 휘감으며 다뉴브강이 지나던 나름 비옥한 땅인 판노니아 분지에는 현재 헝가리가 있고, 카르파티아산맥과 가까운 판노니아 평원의 동쪽, 다키아 지방은 현재 루마니아가 있습니다.

발칸산맥이 흐르는 다뉴브강 남쪽 모아시아 지방의 서부에는 현재 세르비아가, 동부에는 불가리아가 위치해 있습니다. 그리고 남쪽은 다시 서쪽의 마케도니아와 동쪽의 트라키아 지방으로 구분했어요.

마지막으로 발칸반도의 가장 남쪽은 그리스 지역입니다. 그리스라 부르기도 하고, 아카이아 지역이라 부르기도 하죠. 고대 그리스의 시인 호메로스가 그리스인을 부르는 호칭 중 하나로 '아카이아인'이라는 용어를 쓰기도 했습니다.

혼란의 땅, 유고슬라비아

발칸반도 지도를 살펴본 김에 마지막으로 1990년대 초반까지 유고슬라비아연방이었던 나라들도 알아보려고 합니다. 냉전 이후 해체가 시작되면서 많은 분쟁이 있었지만 현재는 국제 뉴스에서 많이 조명하지 않아 관심이 줄어든 지역입니다.

유고슬라비아는 슬라브어로 '남南 슬라브인들의 땅'이라는 뜻이에요. 이곳에 있는 사람들은 대부분 남슬라브족으로 묶입니다. 그러나 현재는 슬로베니아, 크로아티아, 보스니아-헤르체고비나, 세르비아, 몬테네그로, 코소보, 북마케도니아로 분리되었죠. 이들은 발칸반도에 위치해 발칸반도의 경계가 되는 나라들이기도 합니다.

북서쪽의 슬로베니아부터 볼게요. 나라 이름부터 '슬라브인들의 땅'이에요. 유고슬라비아연방에 속했던 나라 중 가장 북서쪽에 있어서, 역사적으로 이탈리아, 특히 베네치아와 오스트리아의 영향을 많이 받았어요. 종교도 로마 가톨릭이 우세하고, 문화도 슬라브족보다 게르만족에 가깝다고 해요. 옛 공산권 국가 중에서 가장 높은 1인당 GDP를 기록하기도 했습니다.

크로아티아는 12세기부터 헝가리와 같은 왕을 통치자로 삼으면서 1차 세계대전이 끝날 때까지 대부분 오스트리아-헝가리제국 영역에 속했어요. 크로아티아도 남슬라브계로 묶이지만, 오스트리아와 헝가리의 영향을 받아 로마 가톨릭이 우세합니다. 그러나 제국 안에서 폭넓은 자치권을 인정받아서인지, 동쪽의 세르비아 등과 언어적으로 큰 차이가 없습니다.

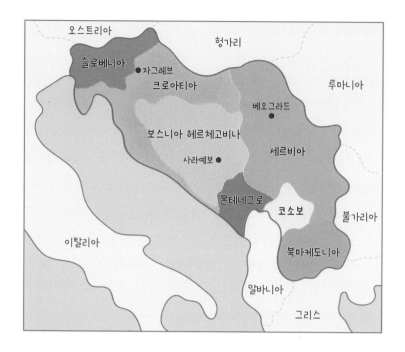

유고슬라비아연방 지역은 냉전 체제 붕괴 이후 국제사회에서 가장 분쟁이 많았던 지역입니다. 연방이 해체되면서 일어난 전쟁과 인종 학살 등으로 아픔을 품은 지역이죠.

1991년 유고슬라비아연방이 분열되었지만, 세르비아와 몬테네그로는 2006년까지 세르비아-몬테네그로 국가연합을 유지해요. 그런데 왜 분리되었을까요?

유고슬라비아연방이 분열되면서 내전이 일어나는데, 이때 세르비아가 전쟁범죄를 저지릅니다. 그런데 세르비아와 묶여 있지만, 이슬람교도 있던 몬테네그로까지 전범으로 묶여서 폭격도 당하고 제재도 당했어요. 이 때문에 자연스럽게 분리 독립 여론이 생겼고, 국민투표를 통해 2006년 해체되었습니다.

세르비아는 남슬라브 지역의 중심 국가라는 자부심이 강하면서 조금 더 정교회 색깔이 강한 나라, 해안가의 몬테네그로는 이슬람교도도 섞여 있는 남슬라브+정교회 국가로 이해하면 편합니다.

크로아티아와 세르비아, 몬테네그로 사이에 있는 보스니아-헤르체고비나로 넘어갈게요. 이름에서도 알 수 있듯이, 복잡해요. 약 300만 명이 사는 이 나라에는 이슬람교를 믿는 보스니아인들과 동방 정교회를 믿는 세르비아인, 로마 가톨릭을 믿는 크로아티아인이 함께 살고 있습니다. 중부에는 보스니아인이, 북서부에는 세르비아인이, 남서부에는 크로아티아인이 다수를 이루고 있죠.

이 지역의 복잡한 현재를 알기 위해서는 역사를 간단하게라도 알아야 해요. 남슬라브족이 살고 있던 이 지역은 15세기 후반부터 오스만제국의 지배를 받습니다. 이후 베네치아공화국이나 오스트리아 등 유럽 국가들을 상대하기 위한 전초기지 역할을 하죠.

그러나 19세기 말 러시아-튀르크 전쟁에서 오스만제국이 패배하면서 1878년 오스트리아-헝가리제국의 영향권에 편입됩니다. 1차 세계대전이 끝난 1918년 오스트리아-헝가리제국이 해체되면서는 유고슬라비아왕국의 영토가 되고, 2차 세계대전 이후에는 유고슬라비아연방의 일부가 되죠.

소련이 해체되던 1991년 슬로베니아와 크로아티아가 유고슬라비아연방에서 탈퇴하면서, 이 지역에서도 분리 독립 여론이 높아

저요. 그러나 세르비아인들은 연방에 계속 남고 싶어 합니다. 결국 1992년 보스니아-헤르체고비나가 유고슬라비아연방으로부터의 독립을 선언하고 보스니아인, 크로아티아인, 세르비아인 사이에서는 다른 민족을 상대로 학살 행위가 벌어집니다.

결국 1995년 국제사회의 중재로 보스니아-헤르체고비나에는 '보스니아-헤르체고비나연방'과 '스릅스카공화국'이라는, 각기 다른 두 체제의 자치 공화국이 들어서는 연방국가가 수립되었죠.

스릅스카공화국에는 세르비아인이 주로 살고 보스니아-헤르체고비나연방에는 보스니아인과 크로아티아인이 살아갑니다. 세 민족은 각각의 대통령과 정부를 선출하고, 국가원수는 세 민족이 돌아가면서 해요. 엉성한 연방으로 살아가다 보니 보스니아-헤르체고비나에는 여전히 분리 독립 문제가 벌어지고는 합니다.

세르비아 남쪽의 코소보로 넘어가죠. 2008년 세르비아로부터 독립을 선언했지만, 세르비아와 일부 나라들로부터 인정을 받지 못했습니다. 인정을 안 해주는데 왜 독립하려고 했을까요?

세르비아의 자치주였던 코소보의 사람들은 민족적으로 보았을 때 슬라브계도 아니고, 그렇다고 종교적으로 정교회를 믿지도 않습니다. 슬라브계나 그리스인과는 구분되는, 알바니아인이라고 해요. 그런데 오스만제국의 영향 때문에 코소보인 대부분은 이슬람교를 믿습니다. 이처럼 코소보를 점령했던 세르비아와 코소보는 민족적으로든 종교적으로든 겹치는 게 하나도 없습니다.

1998년 분리 독립을 원하는 코소보인들을 세르비아군이 무차별 학살한 '코소보 사태'가 왜 일어났는지, 세르비아가 인정하지 않아도 코소보가 분리 독립을 왜 선언했는지 이제 이해가 가죠?

참고로 알바니아인이 세운 알바니아는 유고슬라비아연방에 포함되지 않았습니다. 알바니아는 쇠퇴해가던 오스만제국으로부터 1912년 독립합니다. 그러나 코소보는 1912~1913년에 일어난 발칸 전쟁의 결과로 세르비아 영토가 되죠.

알바니아는 2차 세계대전 때 이탈리아에 점령당하지만 독립하고 이후 냉전 시대에는 공산 정권이 수립되었으며, 1992년 민주화되고 친親미 성향으로 돌아섭니다. 그래서 민족적 정체성이 비슷한 코소보와 알바니아를 통합하자는 이야기도 나오고 있어요.

마지막으로 살펴볼 나라는 알바니아 동쪽의 북마케도니아입니다. 나라 이름은 그리스와 가까워 보이지만 역사적으로나 민족적으로나 그리스와 전혀 가깝지 않은 나라죠.

북마케도니아 사람들은 남슬라브계로, 특히 불가리아인과 가깝다고 분석됩니다. 물론 인구 4분의 1은 알바니아인이에요. 종교도 정교회가 다수를 차지하지만, 이슬람 사람들도 많아요. 다양한 민족과 종교가 공존했던 북마케도니아는 1991년 독립을 선언했고, 유고슬라비아연방이 해체되는 와중에도 평화를 지킵니다.

다만 '마케도니아'라는 이름 때문에 그리스와 분쟁을 벌여오다 합의 끝에 2019년 나라 이름을 '북마케도니아'로 공식 변경합니다.

'남슬라브인의 땅', 유고슬라비아는 강대국들의 틈바구니에서도 자신들의 정체성을 지키면서 1차 세계대전 이후 독립합니다. 미국과 소련이 극한으로 대립했던 냉전 시대에도 단순히 소련의 위성국으로 전락하지 않고 독자 노선을 걷죠.

그러나 1990년대 연방이 해체되는 과정에서 수많은 전쟁과 학살이 자행되었습니다. 일부 정치인들의 욕심 때문에 '남슬라브인'이라는 일체감보다 전쟁을 겪은 아픔과 상대에 대한 적개심이 더 커진 지역이 되고 말았습니다.

유럽의 비옥한 피자 한 조각, 중부 유럽

이제는 높은 산에서 내려와 낮은 땅을 걸어볼까요? 바로 중부 유럽입니다. 알프스산맥 북쪽은 저지대에 속해요. 프랑스 서북쪽(프랑스 평원), 독일 북쪽(북독일 평원), 폴란드 평원, 우크라이나부터 러시아 서부(동유럽 평원)까지 유럽 대평원이 이어집니다. 군이 나누면 크게 프랑스에서 폴란드까지를 북유럽 평원, 러시아와 우크라이나에 있는 평원은 동유럽 평원으로 구분해요. 여기에 섬나라 영국의 수도, 런던이 있는 영국 남동부도 지형적으로 함께 묶입니다.

북유럽 평원 | 프랑스, 독일, 폴란드, 그리고 러시아
유럽 대평원에는 알프스산맥 등에서 발원하는 강들이 서쪽의 대서양, 북쪽의 북해, 남쪽의 지중해 등으로 뻗어 흐릅니다. 서쪽부터 보면 프랑스의 루아르강, 영국의 템스강, 독일의 엘베강, 독일과 폴란

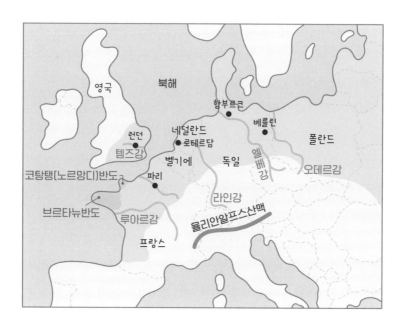

중부 유럽은 넓게 펼쳐진 대평원과 이곳을 흐르는 강 덕분에 농업부터 산업까지 모두 발달한 유럽의 경제 핵심지입니다.

드 국경의 오데르강, 프랑스와 독일의 경계 라인강, 이탈리아의 포 강 등이 그렇죠. 모두 평원에서 흐르는 강, 농사짓기에 좋은 '꿀땅' 입니다.

워낙 강이 많아서 내륙 수운도 발달했어요. 심지어 큰 바다로 빠져나가서 무역항으로 쓰이기도 좋습니다. 알프스 지대과 저지대 사이 프랑스, 독일, 체코, 폴란드 남부의 고지대에는 철, 석탄 등의 원자재까지 많아요.

유럽의 가장 바쁜 항구인 영국의 런던, 프랑스의 르아브르, 네딜란드의 로테르담, 독일의 함부르크가 이 저지대에 있습니다. 농업부터 산업까지 발달한, 의심의 여지가 없는 유럽 경제의 핵심 지역이죠.

북유럽 평원의 3대장인 프랑스, 독일, 폴란드의 지도를 간단하게 보고 갈게요. 조금 전 프랑스는 유럽 남부와 북부의 '점이지대'라고 한 말을 다시 기억해보세요. 남동부의 알프스산맥을 제외하면 프랑스는 대체로 완만한 구릉과 평야로 이뤄져 있습니다. 국토 모양이 육각형이라 별칭으로 '르엑사곤L'Hexagone'이라 불리기도 하죠.

프랑스의 센강과 루아르강 유역에 걸쳐져 있는 파리분지는 프랑스에서 가장 큰 평야예요. 프랑스 역사에서도 핵심 지역이죠. 파리분지에 프랑스의 수도 파리가 있어요. 파리를 둘러싼 프랑스의 수도권은 역사적·행정적으로 '프랑스의 섬'이라는 뜻의 '일 드 프랑스Ile de France'라고 불러요. 우리나라의 '경기京畿'가 서울 주위의 가까운 지방을 의미하는 것과 같은 개념이죠.

육각형 프랑스에서 알아둬야 할 반도가 두 개 있습니다. 가장 큰 반도는 브르타뉴반도예요. 영국을 '브리튼Britain'이라고 하잖아요? 고대 로마제국 시절부터 영국을 '브리타니아Britannia'라고 했는데, 4세기 말 게르만족이 이동할 때 브리타니아에서 살던 켈트계 사람들이 이 반도로 이주했어요. 그때부터 이곳을 브르타뉴반도, 브르타뉴 지방이라고 했죠.

브르타뉴반도 북동쪽에는 조금 더 작은 코탕탱반도가 있어요. 코탕탱반도는 바이킹의 후예인 노르만인이 이주해 온 지역이라 노르망디반도라고 부르기도 합니다. 2차 세계대전에서 서부전선의 대

반격을 알리는 노르망디 상륙작전이 코탕탱반도 동쪽 해변에서 벌어졌습니다.

독일의 지리는 우리나라 사람들에게는 조금 낯설어요. 한반도는 기본적으로 북쪽의 해발고도가 높고 남쪽이 낮은데, 독일은 반대입니다. 북쪽이 낮고 남쪽이 높은 남고북저 형태를 띠죠. 앞서 이야기한 것처럼 독일 북부는 북독일 평원이라 불리는 넓은 평야지대예요. 그러나 남부는 알프스산맥의 영향으로 높은 편이죠. 물론 서쪽이 높은 알프스산맥 특성상 프랑스, 스위스, 이탈리아보다는 낮은 편이에요.

독일은 북쪽에만 바다가 있습니다. 북부는 바다를 접하고 있는 저지대, 남부는 알프스산맥을 접하고 있는 고지대. 이런 지형적인 특성 때문에, 남부 지방이 북부 지방보다 겨울에 더 춥다고 해요. 남부의 대표적인 도시가 바이에른주의 뮌헨인데요. 세계적인 맥주 축제가 열리는 뮌헨은 독일의 수도 베를린, 항구도시 함부르크와 함께 독일 3대 도시로 꼽혀요.

참고로 독일 북쪽에는 스칸디나비아반도를 향해 튀어나온 반도가 있습니다. 이 반도는 유틀란트(윌란)반도인데, 스칸디나비아반도와 함께 유럽 북쪽의 바다를 북해와 발트해로 나눕니다.

폴란드의 지형은 쉽습니다. 국토의 90% 가까이가 해발고도 300m 이하의 평탄하고 완만한 지형이에요. 국토 대부분이 유럽 대평원의 일부라고 해도 과언이 아니죠. 드넓은 평원 덕분에 16~17세기에는 폴란드-리투아니아연방이 세워지며 유럽 북동부의 강대국으로 군림한 시절도 있었습니다.

하지만 드넓은 평원 때문에, 주변의 강대국들에 조국이 분할 점령되는 아픈 역사를 갖고 있기도 합니다. 독일의 지형과 비슷하게, 폴란드도 남쪽의 카르파티아산맥 때문에 남부의 해발고도가 높고, 바다와 접하고 있는 북부가 낮은 편입니다.

북유럽 평원을 러시아의 관점에서 보면 러시아 서쪽에 '피자 한 조각'이 있는 것과 같습니다. 이게 무슨 소리냐고요? 프랑스 북부부터 벨기에, 네덜란드를 지나 독일 북부와 폴란드까지가 V자 모양 또는 피자 한 조각같이 생기지 않았나요?

군사적으로 보면 북유럽 평원은 양날의 검이에요. 러시아에서 유럽으로 군대를 이동시키려면 점점 좁아지는 평원을 지나야 해서 힘들죠. 반대로 유럽의 군대가 러시아로 들어가려면 동서남북으로 전선戰線이 넓어져서 보급로 확보에 애를 먹어요.

이 때문에 러시아는 나폴레옹 1세와 아돌프 히틀러 등 유럽의 정복자들에게 한 번도 정복당하지 않았고, 반대로 20세기 냉전 시대에도 러시아는 서유럽으로 빠르게 진격하지 못했어요.

동유럽 평원 | 러시아와 벨라루스, 우크라이나

사실 러시아는 우리가 생각하는 것보다 훨씬 더 큽니다. 그중에서 '유럽 러시아' 지역의 면적은 약 400만km²로 러시아 전체 영토에서는 4분의 1 수준이지만, 인구는 1억 명이 넘습니다. 이는 전체 인구의 4분의 3에 이르는 수준이죠. 유럽 러시아만 따로 떼도 유럽 전체 면적의 약 40%, 인구의 15%를 차지합니다.

참고로 유럽에서 가장 긴 강으로 꼽히는 볼가강이 러시아에서는 가장 긴 강이 아니라고 해요. 러시아에서 가장 긴 강은 예니세이강이에요. 예니세이강은 러시아에 있기는 하지만 지리적으로 아시아에 속해 있어서 그렇다고 합니다.

유럽에서 가장 긴 강의 순위를 매겨보면 두 번째로 긴 강인 독일의 다뉴브강을 제외하고 1~4위 모두 러시아와 동유럽에 있어요. 유럽에서 가장 긴 강인 러시아의 젖줄, 볼가강은 러시아 서부 지대를 지나 카스피해로 흘러 들어갑니다. 볼가강은 동유럽 국가인 불가리아의 어원이기도 해요. 불가리아의 주류 민족인 불가르족이 볼가강 어귀에서 왔다고 이름이 그렇게 붙었습니다.

러시아에서 출발하는 우크라이나의 젖줄, 드니프르(드네프르)강은 유럽에서 가장 긴 강 3위입니다. 이 강은 러시아 남서부 등에서 출발해 흑해로 흘러갑니다. 마지막으로 4위는 러시아에서 발원해 크림반도 동쪽의 작은 바다 아조프해로 흘러가는 돈강이에요.

우랄산맥 서쪽의 러시아, 유럽 러시아의 지리적인 강점이 여기에 있습니다. 다양하고 긴 강들이 각기 다른 바다로 흐르죠. 볼가강, 드네프르강, 돈강 외에도 발트족의 젖줄로 불리는 서드비나강(다우가바강)은 리가만을 비롯한 발트해로, 모스크바 북쪽에서 발원하는 북드비나강은 백해로 흐릅니다.

많은 강과 바다가 흐르는 중심에는 러시아의 수도, 모스크바가 있습니다. 덕분에 중세부터 유럽 러시아 지역에서는 교역이 활발하게 이뤄졌죠.

그래서 중세부터 유럽 러시아 지역에서는 교역이 활발하게 이뤄졌죠. 심지어 20세기에는 유럽 러시아를 흐르는 강과 인근 바다를 잇는 운하도 건설되었어요.

강과 운하 덕분에 유럽과 가까이 위치한 카스피해, 흑해, 아조프해, 발트해, 백해, 이 다섯 바다는 짐을 옮겨 싣지 않고도 선박을 운송하는 것이 가능해졌습니다. 그리고 이렇게 여러 바다로 흘러 들어가는 다양하고 긴 강들의 가운데에는 러시아의 수도인 모스크바가 위치해 있습니다.

러시아의 서쪽에는 냉전 시절 소련을 이뤘던 벨라루스와 우크라이나가 있습니다. 러시아에서 유럽 대평원을 바라볼 때 현관문 같은 나라가 벨라루스예요. 우리나라에서는 '백러시아'라고도 불렀죠. 벨라루스의 뜻은 실제로도 '하얀 루스(러시아인)'예요. 러시아어 '벨로루시Belorus'라고도 불렸는데 벨라루스 정부의 요청으로 우리나라에서는 2008년 표기가 바뀌었습니다.

우크라이나는 곡창지대가 남부에 있어요. 국토 대부분이 흑토인 초르노좀Chernozyom이어서 전 세계에서도 손꼽히는 비옥한 땅을 가졌습니다. 이런 환경 때문에 역사적으로 많은 나라에 침입을 당했고, 민족주의적 분위기도 강한 편이죠. 드니프르(드네프르)강 중상류에는 수도 키이우(키예프)가 있고, 북쪽으로 100km 정도 떨어진 곳에 원자력 발전소 사고가 일어났던 체르노빌이 있습니다.

우크라이나 남부에는 흑해 쪽으로 튀어나온 크림반도가, 크림반도 동쪽에는 돈강이 흘러나오는 아조프해가 있습니다. 크림반도에는 2차 세계대전이 끝나기 전에 미국, 영국, 소련이 회담을 벌인 휴양도시 얄타, 러시아 흑해 함대가 주둔하고 있는 항구도시 세바스토폴이 있어요. 따뜻한 휴양도시와 겨울에도 얼지 않는 부동항이 있는 크림반도를 러시아가 왜 탐냈는지 알겠죠?

러시아와 벨라루스, 우크라이나의 주류 민족은 동슬라브족으로도 묶이고, 키이우(키예프)대공국 등 역사 일부를 공유하기도 하고, 종교적으로도 동방 정교회를 믿고 있어요. 그러나 역사적인 과정을 거치면서 벨라루스는 조금 더 친親러시아 성향이 강하고 우크라이나, 그중에서도 우크라이나 서부는 반反러시아 성향이 강합니다. 오늘날 벌어진 사태를 이해할 수 있는 또 하나의 키죠.

서쪽부터 북쪽 끝의 고원지대, 북부 유럽

러시아에서 배를 타고 서유럽으로 가려면 어디로 가야 할까요? 러시아 제2의 도시, 러시아 최대의 항구도시, 과거 러시아제국의 수도, 상트페테르부르크겠죠. 러시아제국을 탄생시킨 표트르대제가 세웠는데요. 네바강 삼각주의 늪지대에 세운 신도시라 도심 운하가 많습니다. 그래서 별명도 '북유럽의 베네치아'라고 해요.

상트페테르부르크에서 배를 타고 나가면 바로 보이는 바다가 핀란드만이에요. 핀란드만 동쪽에는 러시아의 상트페테르부르크가, 북쪽에는 핀란드의 수도 헬싱키가, 남쪽에는 에스토니아의 수도 탈린이 있습니다.

더 나가면 '북유럽의 지중해' 발트해가 있죠. 러시아, 핀란드, 스웨덴, 덴마크, 독일, 폴란드, 발트 3국인 에스토니아, 라트비아, 리투아니아가 발트해를 둘러싸고 있습니다.

서유럽의 역사에 비해 잘 알려지지 않았지만, 북유럽 국가들도 발트해를 사이에 두고 오랜 기간 주도권 싸움을 하고 있습니다. 참고로 발트해 북쪽은 스웨덴과 핀란드가 사이에 두고 있는 얕은 바다 보트니아만이 있습니다.

아이슬란드

[북]대서양

스칸디나비아반도

스칸디나비아산맥

노르웨이 스웨덴

보트니아만

핀란드

상트페테르부르크

핀란드만

에스토니아

러시아

모스크바

그레이트브리튼섬

발트해

라트비아

아일랜드섬

리투아니아

스코틀랜드

덴마크

북해

영국

웨일스 잉글랜드

런던

유틀란트반도

벨라루스

아일랜드

폴란드

독일

우크라이나

체코

프랑스

스페인

북유럽의 베네치아, 상트페테르부르크에서 더 나아가면 발트해가 있습니다. 이 지역은
잘 알려지지 않았지만 오랜 세월 주도권 싸움이 이어진 격전지이기도 합니다.

유명하지는 않지만, 유럽의 서쪽과 북쪽 끝에도 호弧 모양으로 고원지대가 있어요. 남쪽의 포르투갈부터, 영국 북부, 그리고 노르웨이, 스웨덴, 핀란드가 고원지대예요. 물론 형성된 지 오래된 산맥이라 알프스산맥만큼 높지는 않습니다. 대표적으로는 스웨덴과 노르웨이의 국경을 이루는 스칸디나비아산맥을 들 수 있는데요. 스칸디나비아산맥이 있는 반도가 스칸디나비아반도죠.

앞서 설명했듯이 덴마크가 있는 유틀란트반도와 스칸디나비아반도가 유럽 북쪽의 바다를 서쪽의 북해와 동쪽의 발트해로 나눕니다. 그리고 북해와 발트해가 유럽을 북부와 중부로 나누고요.

스웨덴, 노르웨이, 덴마크는 노르만족의 후예고, 칼마르 동맹을 통해 한 명의 군주가 다스리는 연합국가를 형성한 적도 있어서 스칸디나비아 3국으로 묶입니다. 그러나 근세 이후 발트해 연안국가인 리투아니아, 러시아, 폴란드 등과 각축전을 벌인 스웨덴, 북해를 중심으로 한 노르웨이와 덴마크를 따로 묶어서 보는 시각도 있습니다.

발트해에서 카테가트해협과 스카게라크해협을 지나면 유럽 북쪽에 있는 바다, 북해가 나옵니다. 북해에서 더 서쪽으로 가면 유럽과 아메리카 대륙 사이의 북대서양이 나오죠. 북해와 북대서양 사이에 있는 섬나라가 영국과 아일랜드입니다. 서쪽의 아일랜드섬과 동쪽의 그레이트브리튼섬을 비롯해 6000개 이상의 섬이 있다고 해요. 이 섬들을 묶어 '영국 제도British Isles'라고 불러요. 그러나 1922년 아일랜드가 독립하면서 영국 제도라는 이름이 옳지 않다는 주장도 나오고 있어요.

영국의 본토는 그레이트브리튼섬과 아일랜드 북부의 북아일랜드로 이뤄져 있습니다. 더 세부적으로는 남동부와 중부의 잉글랜드, 서부의 웨일스, 북부의 스코틀랜드, 아일랜드섬의 북아일랜드 등 네 곳으로 구분하죠. 지형적으로는 남동부의 저지대와 북서부의 고지대로 크게 나뉘어요.

남동부의 저지대는 지형적으로 유럽 대평원과 묶이고, 북서부의 고지대는 스칸디나비아산맥 등과 묶입니다. 이런 지형적 차이 때문에 그레이트브리튼섬 안에서도 잉글랜드, 웨일스, 스코틀랜드가 조금씩 다른 역사를 형성해왔죠.

영국의 중심지는 남동부 저지대에요. 템스강이 흐르는 영국의 수도 런던은 고대 로마제국 시절부터 그레이트브리튼섬의 중심이었어요. 영국 남동부는 유럽 대륙, 특히 프랑스와 굉장히 가깝습니다.

이처럼 영국은 섬나라면서도 대륙과 굉장히 가깝고 남동부의 저지대와 북서부의 고지대로 나뉘는 지형적 특징 덕분에 프랑스 등 유럽 대륙의 핵심 지역은 물론 북유럽 등과도 역사적으로 많은 교류를 해왔습니다. 여기에 유럽 대륙과 한 발자국 떨어진 공간에 존재하는 만큼, 그들만의 역사를 갖고 고유의 정체성 또한 형성할 수 있었죠.

유럽 대륙의 역사
하나가 아니어도 좋은 이유

유럽 북부와 남부의 전세가 역전된 이유도, 유럽이 다양한 나라로 분리된 이유도 모두 지리 안에 있습니다. 단일 문화권 대신 자유와 경쟁을 통해 가능성을 개척해가는 유럽의 저력을 역사 속에서 살펴보죠.

크지도 않은 땅에 산맥도 많고, 강도 많고, 반도도 많고, 바다도 많은 유럽. 이번에는 유럽의 지리가 갖는 역사성에 대해 이야기하려고 합니다. 유럽에는 왜 이렇게 나라가 많을까요? 고대 시대에 풍요롭던 남유럽의 전세가 역전되고 이제는 북유럽이 더 잘살게 된 이유는 무엇일까요? 사실 답은 자연지리에 모두 나와 있습니다.

유럽 남부와 북부의 대역전극

세계사 교과서에 나와 있듯이 유럽의 역사는 대부분 고대 그리스 로마부터 시작됩니다. 고대 그리스의 도시국가들은 지중해를 기반으로 해양 제국이 되어 각지에 그들의 문화를 전파했습니다. 고대 그리스의 영향을 받은 고대 로마도 강력한 군사력을 바탕으로 지중해를 자신들의 호수로 삼으며 거대한 제국을 만들었죠.

지금의 유럽은 정치적으로든 문화적으로든 로마제국의 후손이라고 해도 과언이 아닙니다. 중세 유럽의 고대사는 지중해 인근의 남유럽 국가들이 주도했습니다.

그런데 역사가 흐르면서 유럽의 무게 중심이 조금씩 북서유럽으로 이동합니다. 서로마제국이 멸망한 자리에는 게르만족들의 부족왕국이 세워집니다. 이때 이슬람교로부터 유럽을 지키고 로마 가톨릭 교황을 옹립하며, 새로운 '로마 황제'로 추대된 대제국이 프랑스에 등장합니다. 프랑크왕국이었죠. 이후 프랑스는 중세 유럽에서 가장 빠르게 중앙집권화에 성공해서 유럽을 주도하는 강대국으로 성장합니다.

중세 이후 프랑스와 교류해온 잉글랜드도 빠르게 발전합니다. 스페인과 포르투갈이 열어젖힌 대항해시대의 주도권을 가져와 해상왕국으로 발전하고, 입헌군주제와 산업화 등 새로운 정치적·경제적 시스템을 만들어냈죠. 2차 세계대전이 일어나기 전까지, 전 세계를 주도한 것은 '해가 지지 않는 제국', 영국이었습니다.

유럽의 주도권이 북부로 넘어간 것은 최근 남유럽 국가들을 지칭하는 별명에서도 확인할 수 있습니다. 한때 유럽을 주도했던 강대국의 후손 포르투갈, 스페인, 이탈리아, 그리스는 최근 '피그스PIGS(돼지)'라는 놀림을 받고 있죠. 유럽에서 심각한 재정적자를 겪는 포르투갈, 이탈리아, 그리스, 스페인의 머리글자에서 따온 용어예요.

남유럽은 어쩌다가 북유럽에 역전당했을까요? 자연지리에 모든 해답이 들어 있습니다.

지리적으로 남유럽은 많은 인구를 부양하기 힘든 지역입니다. 시에라네바다산맥, 칸타브리아산맥, 메세타고원, 피레네산맥, 알프스산맥, 아펜니노산맥 등 산지가 많습니다. 그리스도 국토 5분의 4 정도가 산지나 구릉지대예요. 화산토 지역에서는 농사가 가능하지만 대규모 농지는 적은 편이죠.

심지어 남유럽은 대부분 반도로 되어 있고 북쪽에는 피레네산맥과 알프스산맥, 남쪽에는 지중해가 있어서 다른 지역으로부터 고립되어 있습니다. 남유럽이 '지리의 저주'를 받았다고 평가받는 이유입니다. 그리스를 예로 들어볼까요?

그리스에는 섬이 1600개 정도 있어요. 에게해의 암초까지 치면 6000여 개라고 해요. 그중 사람이 사는 섬은 200개, 그리스 해군은 이 섬들을 순찰하는 것만으로도 벅차겠죠. 본토에도 평야보다 산악지대가 많아서 고대 그리스의 도시국가들도 하나로 통일되지 못하고 우후죽순 난립했었고요.

그런데 왜 똑같은 환경에서도 고대 그리스 로마 시대 때는 잘나갔을까요? 서양 세계의 문명은 이집트와 메소포타미아에서 피어나 중동의 각지에 전달되고, 유럽에는 지중해를 통해 그리스와 로마, 이베리아반도에 상륙하죠.

독일의 역사학자 테오도어 몸젠은 페니키아 문명을 '낟알을 물어다 준 새'라고 표현했다고 해요. 어디에서 어디로 물어다 준 거죠? 이집트와 메소포타미아에서 그리스 로마로.

그렇게 발전하기 시작한 남유럽은 부족한 농업 생산력을 지중해를 통한 무역 등으로 극복했고 그리스, 카르타고, 로마는 지중해를 자신들의 바다로 만들어 시대를 풍미한 제국으로 발전했죠.

그러나 그리스와 로마는 지중해를 재패한 후에도 만성적인 식량난을 겪었어요. 인구는 팽창했지만 본국에서는 모두 부양하지 못했죠. 이집트나 북아프리카의 곡창지대에 의존할 수밖에 없었습니다. 결국 방대한 식민지와 국경선을 유지하는 데 한계에 부닥친 제국들은 쇠락하고 멸망하고 말죠.

반대로 북서유럽은 '지리의 축복'을 받았다는 이야기까지 듣습니다. 프랑스와 독일의 비옥한 평야, 여러 지역을 연결하는 강들, 알프스 고지대에서 나오는 광물 자원까지.

그런 북유럽이 왜 고대에는 맥을 못 추었을까요? 왜 갈리아족, 켈트족, 게르만족은 야만족 취급을 받았을까요? 한마디로 중동에서 문명을 늦게 전달받았기 때문이죠. 그러니 발전도 늦을 수 밖에요.

그리고 여기에는 기후적인 요인도 끼어들어 있습니다. 고대 로마 제국 말기부터 중세 초기까지 유럽의 기후는 갑자기 척박해지기 시작합니다. 이 때문에 로마제국도 굶주림에 시달리게 되고, 게르만족의 대이동이 촉발되었다는 분석이 있어요. 하지만 중세 중기부터 유럽의 기후가 다시 따뜻해지면서 유럽 전역에서 농사를 지을 수 있게 됩니다. 이 시기를 '중세 온난기'라고도 합니다.

이때 북서유럽의 평원이 농사지을 수 있는 땅으로 변했고 대규모 개간 사업이 진행되었죠. 이렇게 곡물 재배가 활발해지고 그 지역을 기반으로 하는 나라의 국력도 강해집니다.

실제로 서로마제국이 멸망한 이후 서유럽에 들어선 프랑크왕국 등은 식량 자급률이 높아졌지만, 남동유럽을 기반으로 한 동로마제국은 여전히 식량 자급률이 낮아서 곡창지대인 이집트를 회복하려고 국력을 많이 소모했다는 분석도 있어요.

분열된 지리가 만든 새로운 다양성

우랄산맥, 캅카스산맥 등을 경계로 아시아와 구분되는 유럽의 면적은 약 1018만km²입니다. 960만km² 정도인 중국보다 조금 더 클 뿐인데 그 안에는 50여 개의 나라가 있습니다.

현재만 그런 게 아닙니다. 유럽은 14세기경 1000개에 달하는 독립적인 소국으로 나뉘어 있었다고 해요. 게다가 역사적으로도 유럽이 하나의 나라로 통일된 때는 없다시피 합니다. 그나마 고대 로마제국 시절에 남유럽을 하나의 나라가 다스리고 있었죠.

이후의 프랑크왕국이나 신성로마제국도 현재 프랑스나 독일 영토보다 조금 더 넓은 수준이었고요. 나폴레옹과 히틀러의 유럽 정복 야욕도 몇 년 가지 못하고 무너지면서 헛된 망상임을 증명했습니다.

유라시아 대륙의 반대편 중국과 한번 비교해보죠. 중국은 유럽과 비슷하게 나뉜 지역이 많고 민족도 다양합니다. 그러나 중국의 경우 한족 제국이 있었던 지역은 한족 정체성이 강한 편이에요. 역사적으로도 한나라, 송나라, 명나라 등 한족 제국이 중국의 중심부를 통일해냈고, 당나라와 청나라 등 이민족이 세운 제국들도 한족과 동화되면서 중국의 정체성을 유지하고 있죠.

이를 두고 문화인류학자 재레드 다이아몬드는 자신의 저서 《총, 균, 쇠》에서 '유럽의 만성적 분열'과 '중국의 만성적 통일'이라고 말했습니다.

유럽이 이토록 많은 나라로 나뉘어 있는 이유는 중국의 지리와 비교하면 더 명확히 드러납니다. 먼저, 해안선에 주목해보세요. 중국 지도는 그리기 쉽습니다. 몇 개의 반도와 섬을 그리면 거의 다 그린 거예요.

반대로 유럽 지도, 그리기 쉬운가요? 딱 봐도 어렵죠? 크기에 비해 해안선이 굉장히 복잡해요. 큰 반도만 네 개고요. 이베리아반도, 이탈리아반도, 발칸반도, 스칸디나비아반도.

다음으로 대륙 중심부에는 무엇이 있을까요? 중국 중심부에는 황허강(황하강)과 양쯔강(창장강)이 흐릅니다. 반면 유럽 중심부에는 알프스산맥이 지나죠. 중국 고대사에서는 황허강 유역을 '중원中原'이라고 불렀습니다. 황허강과 양쯔강이 흐르는 중원은 비옥한 평야와 농지가 형성되어 사람들을 모으는 역할을 해요. 심지어 수나라 때 만들어진 대운하는 황허강과 양쯔강의 물줄기도 연결하죠.

율리안알프스산맥

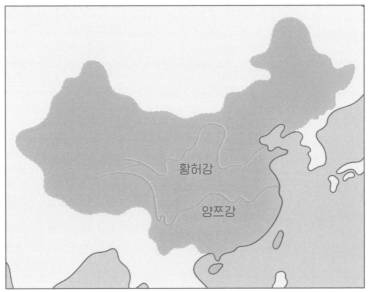

황허강

양쯔강

유럽은 중국에 비해 지형이 복잡합니다. 대륙의 중심부에 중국처럼 큰 강이 아닌 거대한 산맥이 지나가는 지형은 언어, 문화, 정치를 분리하기에 충분했어요.

그러나 유럽의 알프스산맥은 산 건너편 사람들 사이에 언어와 문화, 정치를 분리시킵니다. 그나마 있는 강들도 길이가 짧고 유역 면적이 좁아서 핵심 지역들을 흩어지게 하죠. 유럽의 지리적 중심이 어디냐는 질문에 선뜻 답하기 어려운 이유가 여기에 있습니다.

　물론 이런 분석이 '중국의 만성적 통일이 더 우월하고 유럽의 만성적 분열이 더 열등하다'라는 이야기는 결코 아닙니다. 중국은 만성적 통일 덕분에 효율적인 발전과 안정적인 관리를 할 수 있었지만, 지도자 한 명의 결정으로 휘청이거나 시스템이 정체될 수 있는 위험도 있으니까요.

　반대로 유럽은 만성적 분열 때문에 하나의 문화권으로 힘을 집중시키지는 못하지만, 특유의 자유와 경쟁으로 신대륙 발견, 산업혁명 등 새로운 가능성을 찾아낼 수 있었습니다.

유럽의 인문지리
비슷하고도 다른 유럽 '잘' 구분하기

50여 개의 나라로 이뤄진 대륙. 유럽은 기준에 따라 다양하게 묶을 수도, 나눌 수도 있습니다. 언어와 종교, 사상으로 유럽의 나라를 구분해보고, 잘 몰랐던 나라들도 함께 살펴보죠.

유럽은 지리적으로 피레네산맥과 율리안알프스, 디나르알프스 남쪽의 남유럽, 북해와 발트해 북쪽의 북유럽, 오데르강 동쪽의 동유럽으로 나뉩니다. 서로 다른 50여 개의 나라가 그 안에서 나름의 삶을 꾸리고 살죠.

그러나 이처럼 다양한 유럽의 나라들도 민족적·문화적으로 크게 묶을 수 있습니다. 물론 두부 썰듯이 딱딱 떨어지지는 않아요. 그래도 대략의 구분을 할 수 있다면 유럽을 이해하는 데 한층 도움이 됩니다.

지금부터는 자연지리보다 중요한 인문지리에 관한 이야기입니다. 오늘날 유럽을 이해하려면 집중하세요. 해외여행을 가서도 전에는 보지 못했던 것들이 보일 테니까요.

언어로 묶어본 유럽

유럽은 나라가 다양한 만큼 어파語派도 정말 복잡합니다. 유럽인의 대부분은 '아리아인'이라는 공통 조상을 가진 인도유럽어족인데요. 여기에도 예외는 있습니다. 대표적인 나라가 헝가리예요. 헝가리는 마자르족이라고 하는 아시아 혈통의 민족이 중세에 건너와 그들 중심으로 세운 나라예요. 핀란드와 에스토니아도 아시아 혈통인 나라로 꼽히죠.

인도유럽어족은 다양한 어파로 나뉩니다. 먼저 유럽 서쪽은 로망스어파에 속합니다. 스페인, 포르투갈, 프랑스, 이탈리아가 대표적이에요. 고대 로마어, 즉 라틴어의 후손 언어가 이들 나라의 언어입니다. 고대 로마의 영향을 직접 받은 지역이죠. 동유럽에 있는 루마니아, 몰도바는 희한하게 로망스어파로 구분됩니다. 고대 로마제국 시대 때 이 지역을 개발하러 이동한 로마인들이 지금까지 남아서 루마니아인과 몰도바인이 되었거든요.

스페인 북부와 프랑스 남서부에 사는 바스크인은 뿌리를 찾기 어렵다고 합니다. 이베리아반도에서 가장 오래된 민족이라고 전해지는데, 선사 시대에 살던 크로마뇽인의 후손이 아니냐는 분석도 나온다고 해요. 워낙 다른 정체성을 갖고, 오랜 기간 살아와서 지금도 분리 독립 문제가 남아 있죠.

게르만어파를 쓰는 게르만족들의 후손은 독일, 네덜란드, 영국, 스칸디나비아 3국 등이 꼽혀요. 게르만족은 고대 로마제국의 영향

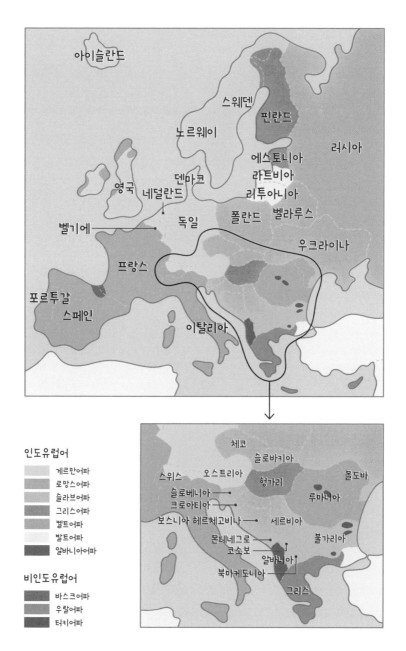

유럽은 대부분 인도유럽어족에 속합니다. 인도유럽어를 구분하면 크게 로망스어파, 게르만어파, 슬라브어파 등으로 나눌 수 있습니다.

력 밖에 있다가, 3세기부터 서로마제국으로 이주하고 서로마제국 멸망 이후 유럽을, 특히 북서유럽을 주도했죠.

스칸디나비아 3국인 덴마크, 노르웨이, 스웨덴은 8~10세기경 한 박자 늦게 이동을 시작해서 노르만족(바이킹)의 후손이라고 따로 구 분하기도 합니다. 영국은 1차로 이동한 게르만족(앵글로색슨)과 2차 로 이동한 노르만족이 함께 살아가며 혼혈한 지역이에요. 이렇게 언어로만 구분해서 그렇지, 프랑스도 게르만족의 일파인 프랑크족 의 후손으로 볼 수 있죠.

참고로 프랑스와 영국 서쪽 끝에 있는 켈트어파 사람들은 고대부 터 프랑스 등지에서 살던 켈트인(갈리아족, 골족)의 후손이에요. 고대 로마 시대까지 프랑스와 브리튼섬, 아일랜드섬 등에 있었는데 게르 만족이 유럽을 주도하면서 동화되거나 핍박받아서 지금은 프랑스 의 브르타뉴 지방, 영국의 웨일스, 스코틀랜드, 아일랜드에 남게 됩 니다.

슬라브어파는 흑해 북부, 볼가강과 드니프르(드네프르)강 어귀에 서 살던 슬라브족의 후손들입니다. 6~8세기 좋은 땅을 찾아 이주했 는데 이때 동유럽으로 이주한 슬라브족이 서슬라브족으로 구분되 고, 폴란드인, 체코인, 슬로바키아인이 되죠. 독일과 폴란드가 바로 옆에 붙어 있어서 조상도 같을 것 같지만 다릅니다.

그리고 발칸반도로 이주한 슬라브족이 남서슬라브족으로 구분되 고 지금 발칸반도의 주류 민족이 됩니다. 참고로 불가리아인은 튀 르크계인 불가르족과 발칸반도의 남슬라브족이 혼혈을 이루면서

슬라브화되었다고 추정됩니다.

　여기에 따로 이주하지 않고 흑해 북부에 남아있던 슬라브족이 북동슬라브족으로 구분되면서 러시아인, 우크라이나인, 벨라루스인이 됩니다. 슬라브족 중 특히 동슬라브족과 사촌 지간 같은 민족도 있어요. 바로 발트어파의 발트족이에요. 발트해 동쪽의, 발트 3국 중 남쪽의 두 나라, 라트비아와 리투아니아가 발트족의 후손이죠.

종교로 구분한 유럽

이번에는 종교 구분입니다. 유럽 사람들은 대부분 '넓은 의미의 기독교'를 믿습니다. 이는 로마 가톨릭, 동방 정교회, 개신교 등으로 구분되죠.

　로마 가톨릭과 정교회는 고대 로마제국이 분열되고, 서로마제국이 멸망하면서 조금씩 분열되기 시작합니다. 콘스탄티노폴리스를 중심으로 한 동쪽의 교회는 동로마제국의 보호 아래 상대적으로 정치적 안정을 보장받지만, 로마를 중심으로 한 서쪽의 교회는 서로마제국이 멸망하고 생존의 위기를 겪습니다.

　그러나 북서유럽을 제패한 프랑크왕국이 로마 교회의 보호자를 자처하고, 카롤루스대제도 로마 교회에 '서로마 황제'로 추대되면서 동서 교회가 갈등하기 시작해요. 결국 1054년 로마 교황과 콘스탄티노폴리스 총대주교가 서로를 파문하면서 서방 교회와 동방 교회가 공식적으로 분리됩니다.

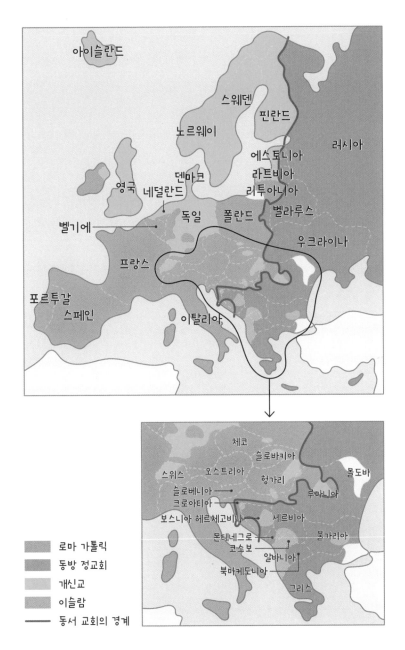

아이슬란드

스웨덴
핀란드
노르웨이
러시아
에스토니아
라트비아
리투아니아
덴마크
영국
네덜란드
벨기에
독일
폴란드
벨라루스
우크라이나
프랑스
포르투갈
스페인
이탈리아

체코
슬로바키아
스위스
오스트리아
헝가리
몰도바
슬로베니아
크로아티아
루마니아
보스니아 헤르체고비나
세르비아
몬테네그로
불가리아
코소보
알바니아
북마케도니아
그리스

로마 가톨릭
동방 정교회
개신교
이슬람
동서 교회의 경계

유럽의 종교는 로마 가톨릭, 동방 정교회, 개신교 등으로 세분화할 수 있어요. 넓은 의미에서는 기독교에 뿌리를 두고 있지만 서로 다르게 발전하죠.

이후 서방 교회는 로마 가톨릭으로 발전해 유럽인 대부분을 기독교로 개종시키고, 동방 교회는 정교회로 발전해 슬라브인 등을 개종시킵니다. 참고로 폴란드, 체코, 슬로바키아는 범л슬라브인으로 묶이고 현대에는 공산권 국가이기도 했지만, 로마 가톨릭의 교세가 강한 편이에요. 그리고 발칸반도에는 오스만제국이 정복했을 때 이슬람으로 개종한 사람들이 있어서 지금도 무슬림이 있습니다.

개신교는 16~17세기 종교개혁의 영향으로 로마 가톨릭과 구분되는 종교로 발전했어요. 독일 북부를 중심으로 종교개혁이 일어난 이후, 북유럽에 많은 이들이 개신교로 넘어갑니다. 영국은 왕실 중심으로 종교개혁이 일어나면서 왕실 중심의 성공회가 주류를 이루죠.

냉전으로 나뉜 동유럽

이번에는 옛 공산권 지도를 보며 현대사로 유럽을 나눠보도록 하겠습니다. 1917년 러시아제국에서 사회주의혁명(러시아혁명)이 일어나고 1922년까지 내전이 벌어집니다. 내전에서 승리한 사회주의 세력은 '소비에트사회주의공화국연방(소련)'을 결성해요. 이때 우크라이나와 벨라루스가 소련 내 공화국으로 편입되죠.

2차 세계대전 중인 1940년 발트 3국인 에스토니아, 라트비아, 리투아니아도 소련으로 편입되고, 비슷한 시기 루마니아 영토 일부를 점령하면서 소련 내 몰도바소비에트사회주의공화국도 성립되었어요. 그리고 2차 세계대전이 끝나갈 무렵, 소련이 동유럽과 발칸반도

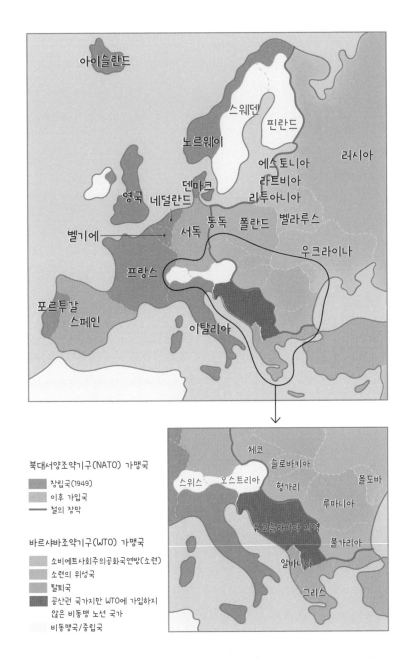

아이슬란드

스웨덴

노르웨이

핀란드

에스토니아
라트비아
리투아니아

러시아

영국 네덜란드 덴마크

벨기에

서독 동독 폴란드 벨라루스

프랑스

우크라이나

포르투갈
스페인

이탈리아

북대서양조약기구(NATO) 가맹국

창립국(1949)

이후 가입국

철의 장막

바르샤바조약기구(WTO) 가맹국

소비에트사회주의공화국연방(소련)

소련의 위성국

탈퇴국

공산권 국가지만 WTO에 가입하지
않은 비동맹 노선 국가

비동맹국/중립국

체코

슬로바키아

스위스 오스트리아

헝가리

몰도바

루마니아

유고슬라비아 지역

불가리아

알바니아

그리스

러시아혁명으로 소련이 생기면서 동구권은 자본주의 영향하에 있던 서구권과는 조금 다
른 분위기를 갖게 되었습니다.

로 진군하면서 폴란드, 체코슬로바키아, 헝가리, 루마니아, 불가리아도 공산화되고 소련의 위성국가로 전락합니다.

전범 국가인 독일은 연합군에 의해 분할 점령당했고, 소련에 의해 점령당한 독일 동부, 동독에는 공산 정권이 수립되었고 독립 이후에도 소련의 위성국가가 됩니다.

이 나라들은 1991년 소련이 해체될 때까지 길게는 70여 년, 짧게는 45년 동안 소련의 직간접적인 영향을 받습니다. 이들을 묶어 동구권이라 말하죠. 당시 공산권의 영향으로 지금도 이들 지역은 자본주의하에 있던 서구권과는 조금 다른 분위기를 내뿜습니다.

옛 유고슬라비아 지역에도 2차 세계대전 이후 공산국가가 세워져요. 유고슬라비아연방은 현재는 슬로베니아, 크로아티아, 보스니아-헤르체고비나, 세르비아, 몬테네그로, 코소보, 북마케도니아로 분리되었죠. 이곳도 공산권으로 묶이지만 1948년 요시프 브로즈 티토가 독자적인 사회주의 노선을 추진하면서 소련과는 조금 다른 길을 걷습니다.

유럽의 헷갈리는 나라들

유럽으로 묶이는 50여 개의 나라를 개별적으로 알기는 어렵습니다. 헷갈리는 나라가 많기 때문이죠. 유럽을 잘 모르는 사람이라면 '구분이 안 되는데 왜 따로 있지?'라고 생각할 만한 나라들도 있어요.

이제부터는 베네룩스 3국, 발트 3국, 체코와 슬로바키아, 루마니아와 몰도바, 그리고 아이슬란드와 그린란드에 대한 이야기를 해보겠습니다.

첫 번째는 베네룩스 3국인 벨기에, 네덜란드, 룩셈부르크입니다. 세 나라는 원래 합스부르크왕가의 영지였습니다. 다 같은 네덜란드였어요. 그런데 이 지역 북쪽의 게르만계 개신교 사람들이 독립을 시도합니다. 그렇게 먼저 독립한 게 네덜란드예요. 1566년 독립전쟁을 시작해 1581년 독립을 선언하고 1648년 베스트팔렌조약을 통해 독립을 승인받습니다.

프랑스계가 많이 살던 남부 가톨릭 지역은 1789년부터 프랑스의 지배를 받다가 나폴레옹 시대가 끝난 1815년 잠시 네덜란드의 영토가 되었지만 1830년 네덜란드에서 결국 독립합니다. 오늘날 벨기에예요.

가장 작은 룩셈부르크는 중세 제후의 호칭인 '대공★☆'이 다스리는 입헌군주국입니다. 프랑크왕국, 독일왕국, 신성로마제국 등에 속하는 공국이었어요. 네덜란드 왕국과 동군연합을 이뤘지만 작위계승 방식이 달라서 1890년 분리됩니다.

앞서 이야기한 것처럼 발트 3국의 에스토니아는 아시아계 핀족, 라트비아는 발트족 후손이지만 신교(루터교)가 우세하고, 리투아니아는 같은 발트족으로 묶여도 로마 가톨릭을 많이 믿습니다. 순서가 헷갈리면 북쪽부터 "에라이(리)"로 외우면 편해요. 북쪽부터 에스토니아, 라트비아, 리투아니아.

유럽에는 우리가 잘 아는 나라뿐만 아니라 잘 모르는 작은 나라들도 많습니다.

체코와 슬로바키아는 아직도 하나의 나라라고 기억하는 경우가 많을 텐데요. 같은 서슬라브계로 묶입니다. 민족도 같고, 언어도 거의 같고, 문화도 비슷합니다. 종교도 가톨릭이 우세해요.

그러나 1918년 '체코 슬로바키아'로 독립하기 전까지 대부분의 시간을 다른 나라로 지냈죠. 두 나라는 9세기에 있던 대★모라비아 왕국 시절에는 하나의 나라였지만, 이후 체코는 주로 독일과 오스트리아의 영향을 받았고 슬로바키아는 헝가리의 영향을 많이 받았습니다.

결국 1992년 민주적인 투표를 통해 체코와 슬로바키아가 평화적으로 분리된 이후, 현재도 사이좋게 지내고 있습니다. 체코는 종교적으로 조금 더 세속적인 분위기고 슬로바키아는 조금 더 신실한 분위기라고 해요.

　루마니아와 몰도바는 이 지역으로 이주했던 고대 로마인을 조상으로 하는 나라입니다. 언어, 문화, 종교 모두 비슷해요. 이주한 로마인과 슬라브인의 혼혈이죠.

　두 나라의 분리에는 러시아가 영향을 미칩니다. 이 지역은 오스만제국의 영향력 아래 있었어요. 그러나 19세기 몰도바 지역은 러시아제국의 지배를 받고, 루마니아는 오스만제국에 독립하죠. 1차 세계대전 이후에 잠시 같은 나라가 되었지만, 2차 세계대전 이후 몰도바는 소련에 흡수되고 루마니아는 소련의 위성국으로 남습니다.

　소련이 해체되고 루마니아에서는 통합 여론도 일었지만, 몰도바 내의 친親러시아, 독립 유지 여론이 높아서 현재까지 다른 나라로 지내고 있죠.

　마지막으로 아이슬란드와 그린란드에 대해서도 알아보죠. 위치부터 헷갈립니다. 정확히 어디 있는지 잘 모르는 경우도 있어요. 그린란드가 더 서북쪽에 위치하는데, 지리적으로는 북아메리카에 속해요.

　덴마크의 자치령인 그린란드는 세계에서 가장 큰 섬으로, 섬과 대륙의 기준이 됩니다. 면적만 약 216만km²인데 이것보다 크면 대륙이에요. 그래서 약 774만km²인 오스트레일리아와 약 1400만km²인 남극은 대륙으로 불립니다. 이름은 '녹색 땅'이지만, 수천 미터의

빙하로 덮인 '얼음 땅'입니다. 지구상에 이런 땅은 남극 대륙, 그린란드 둘 뿐이라고 하네요.

아이슬란드는 약 10만km²의 크기로 한반도의 남쪽, 우리나라와 비슷해요. 아이슬란드는 유럽의 북서쪽 경계인 섬으로 덴마크의 자치령이었다가 2차 세계대전 때 덴마크가 나치 독일에 점령되면서 독립해버려요.

중간에 영국과 연합군이 점령하지만 1944년 다시 독립합니다. 상당히 북쪽에 있는데 북대서양 난류 덕분에 따뜻한 편이죠. 1년 내내 한국의 늦가을 같은 날씨라고 합니다. 그린란드와 아이슬란드의 이름과 실제 기후는 반대네요.

나라는 왜 이렇게 많은지
유럽 챕터 정리

✳ 유럽을 지리적으로 구분하면 지중해와 남부 알프스 지대, 중부 평원지
대, 북부 고원지대로 나눌 수 있습니다. 지중해를 통해 중동의 문명을
받아들인 남유럽은 고대 그리스-로마 제국으로 발전했지만, 산지가 많
은 지리적 한계를 극복하지 못하고 북서유럽에 추월당하고 말죠.

✳ 유럽의 중부 평원지대는 중세 이후 농업 생산력을 바탕으로 유럽 대륙
을 주도해나가기 시작합니다. 다만 유럽 대륙의 가운데에 알프스산맥
이 흐르면서 각 지역은 개별적으로 발전했고, 현재까지도 유럽은 많은
나라로 나뉘어 있어요.

✳ 다뉴브강이 흐르는 '울창한 숲' 발칸반도는 고대에 그리스와 로마의 영
향을 받다가 중세 이후 슬라브인들이 이주해옵니다. 이후 오스만제국의
영향력하에 놓여 '발칸'이라는 이름도 얻어요. 다양한 정체성을 가진 사
람들이 사는 만큼, 발칸반도는 20세기 동안 다양한 분쟁을 겪습니다. 이
때문에 유고슬라비아로 묶여 있던 나라들도 전쟁을 통해 분리됩니다.

✳ 유럽은 민족적·언어적으로 로망스계, 게르만계, 슬라브계 등으로 구분
할 수 있습니다. 종교적으로는 로마 가톨릭, 동방 정교회, 개신교 등으
로 나눌 수 있죠. 20세기 냉전을 경험한 후부터는 동유럽과 서유럽으로
구획되기도 합니다.

· CHAPTER 3 ·

지리가 만든
초강대국,

미국

———

미국은 독립을 선언한 지 80여 년 만에 거대한 본국 영토를 완성시켜요.
남북전쟁이라는 내전으로도 분리되지 않은 미합중국은,
이후 '하나의 미국'으로 더욱 크게 발돋움합니다.

미국의 자연지리
자연이 쌓은 '천연 요새'

오늘날 미국을 세계 최대 강국으로 만든 결정적 요인은 바로 그들이 자리 잡은 땅에 있습니다. 마치 미국을 둘러싼 온 세계가 미국의 성장을 도와주는 것 같은 모양새죠.

20세기 세계 역사를 주도한 나라, '초강대국'이라는 수식어가 참 잘 어울리는 나라, 그러나 건국된 지 고작 300여 년밖에 되지 않은 나라. 어디일까요? 바로 미국입니다. 어떻게 미국은 이토록 짧은 역사로 전 세계의 흐름을 주도할 수 있었을까요? 미국 역사에 대해 아는 척하기 위해서는 그전에, 미국의 지리와 지도를 아는 게 필수입니다. 그 안에 미국이 강대국이 된 비밀이 들어 있거든요.

밖에서 본 미국, 얼음과 모래 장벽을 치다

우선 미국 밖에서 미국을 살펴볼까요? 미국을 감싸고 있는 바다들에 먼저 주목해보죠.

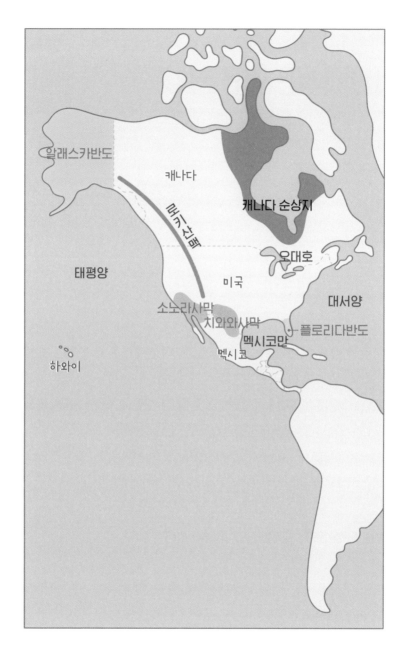

밖에서 바라본 미국은 동서로는 태평양과 대서양이라는 큰 바다, 북쪽으로는 얼음 땅, 남쪽으로는 사막으로 이뤄진 '천연 요새'로 둘러싸여 있습니다.

미국 본토의 동쪽에는 대서양이 있습니다. 대서양은 태평양, 인도양, 남빙양, 북빙양과 함께 다섯 개의 큰 바다인 오대양五大洋 중 하나예요. 대서양을 사이에 둔 미국과 유럽의 거리는 약 8000km 정도입니다. 굉장히 멀죠.

미국 본토 서쪽에도 오대양 중 하나인 태평양이 있습니다. 태평양을 사이에 둔 미국과 아시아의 거리는 일본을 기준으로 약 1만km에 이릅니다. 더욱더 멀어요.

다른 대륙에서 미국에 쳐들어가려면 양옆의 엄청나게 큰 바다, 대서양과 태평양을 건너야 합니다. 심지어 본토 서쪽에는 알래스카와 하와이 등 해외 영토도 있어서 태평양 쪽으로 쳐들어오다가는 중간에 다 들키고 말죠.

미국의 북쪽에는 캐나다가 있습니다. 캐나다와의 동쪽 경계에는 다섯 개의 큰 호수, 오대호The Great Lakes가 있습니다. 서쪽부터 슈피리어호, 미시간호, 휴런호, 이리호, 온타리오호가 자연적으로 연결되어 있어요.

그중 슈피리어호는 오대호에서 가장 큰 호수이자, 세계에서도 가장 넓은 호수입니다. 세계에서 가장 큰 호수였던 카스피해가 2018년 특수 지위 바다로 규정되면서 그 자리를 차지했죠. 참고로 오대호 주변은 철광석 매장량도 많고 산업용수도 넉넉해서 세계적인 중공업 단지가 많이 형성되었어요.

캐나다 영토는 대부분 추운 냉대와 한대 기후에 속해요. 농사를 짓거나 가축을 기르기도 어려워 사람 또한 정착하기 어려운 땅이 많습니다. 그래서 몬트리올, 오타와, 토론토, 밴쿠버 등 캐나다의 주요 도시는 그나마 남쪽인 미국 경계 지역에 몰려 있어요. 미국 입장에서 봤을 때, 북쪽에는 거대한 얼음 장벽이 있는 셈입니다.

남쪽을 볼까요? 미국 남쪽에 있는 나라는 멕시코입니다. 미국 남동쪽, 뿔처럼 생긴 반도가 플로리다반도예요. 그리고 플로리다반도와 멕시코가 가두고 있는 바다는 멕시코만입니다. 미국 남부와 멕시코 동부, 쿠바 등이 공유하고 있는 바다죠.
땅으로 보면 미국과 멕시코의 국경은 절반 이상이 사막으로 이뤄져 있습니다. 미국 쪽으로는 뉴멕시코주, 텍사스주, 애리조나주에 걸쳐 있고, 멕시코 쪽으로는 치와와주, 코아우일라주에 걸쳐 있죠. 우리에게 왠지 익숙한 치와와사막도 이곳에 있는데요. 치와와 견종의 고향이 바로 이곳이라고 하죠.
미국과 멕시코의 서쪽 국경 지대에는 소노라사막이 있어요. 북아메리카에서 넓고 뜨거운 사막에 속하는데요. 거대한 사막에서는 사람이 사는 것뿐만 아니라 이동 자체도 힘들죠. 그만큼 국경선에 있는 거대한 사막은 나라 입장에서는 든든한 모래 장벽이 있는 것과 같아요.

결국 절반 이상이 사막으로 이뤄진 미국의 남쪽 국경은 남동쪽의 텍사스주 지역만 잘 방어하면 지키기 꿀이라는 이야기입니다. 그렇다고 텍사스주가 침입하기 수월한 지역도 아니에요. 굉장히 무덥고 건조해서 쳐들어오다가는 먼저 지치고 말 거예요.

이처럼 캐나다와 멕시코는 개별 독립국이기는 하지만, 미국 방위 차원에서 보면 참 귀한 자산인 셈입니다. 동쪽과 서쪽은 엄청 큰 바다, 북쪽은 얼음 땅, 남쪽은 사막 땅. '천연 요새'라는 소리가 괜히 나오는 게 아니죠?

안에서 본 미국, 젖과 꿀이 흐르는 땅

지키기만 쉬운 게 아닙니다. 안으로 들어가면 더 꿀이에요. 거대한 산맥들로 이뤄져 있거든요.

조산대의 의미가 '산이 만들어진 띠'라고 했던 것 기억하죠? 조산대는 오래전에 만들어진 고기古基 조산대, 비교적 최근에 만들어진 신기新基 조산대로 구분할 수 있습니다. 오래전에 만들어진 만큼 고기 조산대는 낮고 평평한 편이고, 신기 조산대는 높고 울퉁불퉁한 편입니다.

미국에는 대표적인 조산대가 두 개 있어요. 서쪽에 하나, 동쪽에 하나. 동쪽에는 고기 조산대인 애팔래치아산맥이 있습니다. 미국이 처음 독립선언을 했던 '13개 주State'가 애팔래치아산맥 동쪽에 있어요. 여기에서는 석탄이 많이 나옵니다.

서쪽에는 신기 조산대에 속하는 환태평양조산대의 일부인 로키산맥이 있습니다. 캐나다에서 미국까지, 길이만 4500km 이상인 세계에서 두 번째로 긴 산맥이면서 동시에 엄청나게 험악한 산지로도 유명하죠. 몇몇 관광지가 있기는 하지만 사람 자체가 많이 살지 않는 '깡촌'입니다.

로키와 애팔래치아라는 거대한 산맥과 그 안의 비옥한 대평원으로 이뤄진 미국의 땅에는 젖과 꿀이 흘러넘칩니다.

그런데 이 로키산맥과 애팔래치아산맥이 다른 데서 위력을 발휘합니다. 당연한 이야기지만 물은 높은 곳에서 낮은 곳으로 흐르죠. 그리고 산이 있으면, 계곡도 있을 테고요. 그렇다면 산맥 사이의 계곡은 흐르고 모여 결국 강이 될 거예요. 이처럼 물이 모이면 무엇이 좋을까요? 사람이 살기 좋겠죠. 실제로 로키산맥과 애팔래치아산맥으로부터 많은 강들이 발원합니다. 많은 강들이 두 산맥 가운데로 한데 모여 농사짓기 좋은 평원이 만들어져요.

로키산맥과 애팔래치아산맥 사이, 말하자면 미국 한가운데에는 미국의 젖줄이라고 할 수 있는 미시시피강이 흐릅니다.

자체 길이로만 보면 미주리강에 이어 미국에서 두 번째로 긴 강이에요. 하지만 미국 주요 강 대부분은 결국 미시시피강에서 만나 흐릅니다. 길이만 약 4000km로 미국에서 가장 긴 강인 미주리강, 그리고 2000km가 넘는 아칸소강, 레드강 등이 로키산맥에서 미시시피강으로 흘러들어요.

반대편 오대호 쪽에서는 일리노이강이 흐르고 애팔래치아산맥 쪽에서는 오하이오강, 테네시강이 흐르죠. 이 강들은 미시시피강과 만나서, 루이지애나주를 지나 멕시코만으로 흐릅니다. 이렇게 많은 강들이 미시시피강에서 합류하는 덕분에, 미시시피강의 유역 면적은 세계에서 세 번째로 넓습니다.

또한 미시시피강과 그 지류의 영향으로 로키산맥과 애팔래치아산맥 사이에는 대평원Great Plains이 펼쳐져 있죠. 미국의 대평원은 세계적인 곡창지대이자 낙농업 지대로 유명합니다.

앞선 이야기를 통해 보면, 미국의 자연지리는 크게 네 지역으로 구분할 수 있습니다.

첫 번째는 애팔래치아산맥 동쪽의 대서양 연안. 이 지역의 대표적인 도시는 뉴욕과 수도 워싱턴D.C.입니다. 그리고 애팔래치아산맥과 로키산맥 사이에 있는 평원지대. 북쪽에는 오대호 주변의 시카고가, 남쪽에는 멕시코만 근처의 뉴올리언스와 휴스턴이 있습니다. 세 번째로 거대한 로키산맥이 있는 산악지대. 마지막으로 로키산맥 서쪽의 태평양 연안입니다. 로스앤젤레스, 샌프란시스코가 이곳에 있습니다.

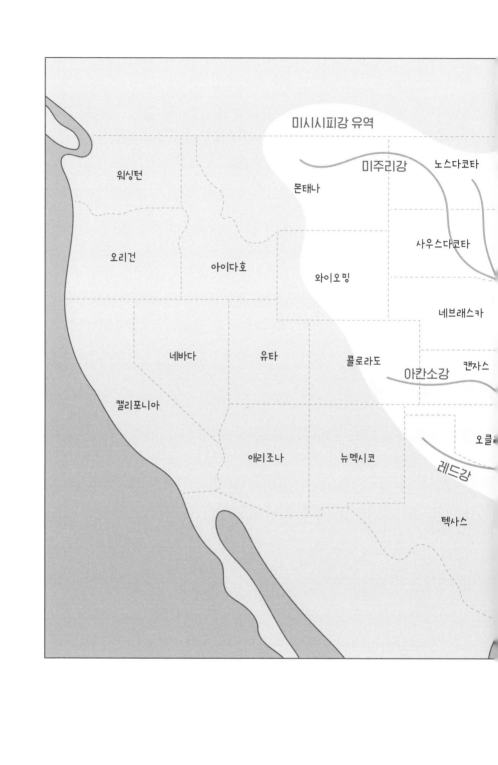

미시시피강 유역

미주리강

노스다코타

워싱턴

몬태나

사우스다코타

오리건

아이다호

와이오밍

네브래스카

네바다

유타

콜로라도

캔자스

아칸소강

캘리포니아

애리조나

뉴멕시코

오클

레드강

텍사스

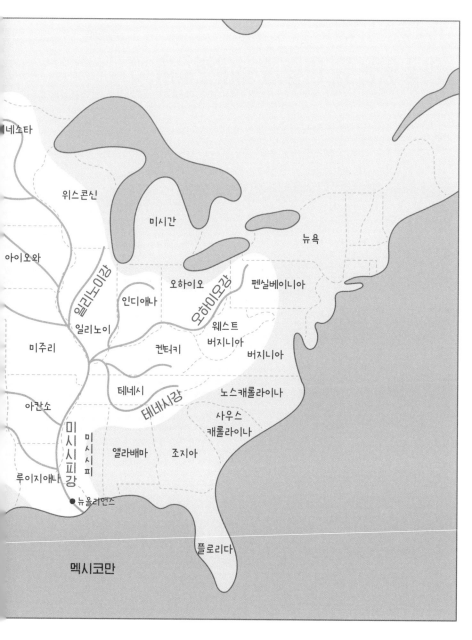

네소타

위스콘신

미시간

뉴욕

아이오와

오하이오

펜실베이니아

인디애나

일리노이강

일리노이

오하이오강

웨스트
버지니아

미주리

켄터키

버지니아

아칸소

테네시

테네시강

노스캐롤라이나

사우스
캐롤라이나

미
시
시
피
강

미
시
시
피

앨라배마

조지아

루이지애나

● 뉴올리언즈

플로리다

멕시코만

물이 모이는 곳에 사람이 살기 좋듯이, 미시시피강을 중심으로 한 대평원은 미국뿐만 아니
라 세계 식량 자원의 핵심 장소입니다.

미국 영토의 역사
미국 땅은 왜 이렇게 넓어졌을까

미국이 영토를 넓혀간 과정은 역사의 결정적인 여섯 장면으로 포착할 수 있습니다. 영국의 식민주에서 세계 대국이 되기까지, 미국이 걸어온 치열한 길을 따라갑니다.

3억 3300만여 명이 사는 세계 3위의 인구 대국, 약 9800만km²의 면적을 자랑하는 세계 3위의 영토 대국, 미국은 어떻게 거대한 영토를 차지했을까요? 미국 영토의 역사에 대해 아는 척하려면 총 여섯 장면을 기억해야 합니다.

① 1732년: 13개 식민주 완성
② 1775~1783년: 미국의 독립
③ 1803년: 루이지애나 구입
④ 1819년: 플로리다반도 매입과 대륙횡단조약
⑤ 1845년: 텍사스 병합
⑥ 1898년: 미국 스페인 전쟁

자유를 찾아 온 이민자, 13개 주 식민지

유럽인들이 북아메리카에 본격적으로 정착하기 시작한 것은 17세기라고 해요. 당시 식민지를 개척하기 시작한 영국의 내부 사정은 굉장히 불안정했다고 합니다. 인구가 늘면서 빈민층도 증가했고, 국교인 성공회에 맞서는 청교도와 스코틀랜드 장로교의 반발도 아주 거셌죠.

영국에서는 주로 이런 반反정부 세력이 아메리카 식민지로 많이 이주했습니다. 스페인이 왕실에 충성하는 귀족들만 아메리카 이주를 허용한 것과 반대죠.

그러다 보니 영국의 아메리카 식민지에서는 '자유'라는 게 보장되었어요. 잉글랜드인과 웨일스인이 이주를 시작했고, 아일랜드계와 스코틀랜드계, 독일계, 북유럽계 이민자도 함께 몰려들었죠. 지금도 그렇지만 미국은 이주 초기에도 여러 인종이 함께 어우러진 민족의 '도가니Melting Pot'였습니다.

이때 정착한 미국인의 조상들은 북아메리카의 동부 연안이 천연 항만과 비옥한 토지를 갖춘 곳이라는 것을 금세 알아차렸다고 합니다. 이곳이야말로 그들의 모국과는 달리 자유로운 삶을 살 수 있는 곳이라고 믿어 의심치 않았죠.

이후 토지제도가 도입되면서 영국에서 이주한 정착민들은 자연스럽게 자유민이 되었어요. 덕분에 영국령 북아메리카 식민지는 자영농이 성장하며 보다 자율적이고 능률적으로 운영되었죠. 물론 영국령 북아메리카 식민지에도 노예가 없었던 것은 아니에요. 하지만 '귀족-소작인-노예'라는 강한 수직 구조의 스페인령 식민지와는 달랐습니다.

지방자치제도와 대의제도도 발달했어요. 영국 왕실이나 정부에 저항했던 사람들이 주로 이주했던 만큼, 식민지 주민들의 의견을 수렴하는 식민지 의회가 만들어집니다. 그렇게 1619년 버지니아주의 버지니아 하원House of Burgesses이 탄생하죠.

이후 계속해서 이민자들이 늘며 '1732년' 조지아주를 마지막으로 초기 '13개 식민주'가 성립됩니다. 미국 국기에서 흰색과 빨간색 열세 줄의 모티브가 된 주들이죠. 이들은 모두 애팔래치아산맥 동쪽에 위치하고 있습니다. 이렇게 미국 영토의 역사 첫 번째 장면이 만들어집니다.

미국, 독립을 선언하다

두 번째 장면으로 넘어가기 전에는 18세기 당시 북아메리카의 상황을 먼저 이해해야 합니다. 물이 풍부하고 농사짓기에 좋은 북아메리카의 대서양 연안은 해양 제국 영국의 식민지로, 남부는 스페인의 식민지로 속해 있었어요. 이때 스페인은 멕시코 영토를 포함해서 지금의 플로리다반도, 태평양 연안의 캘리포니아 지역까지 갖고 있었죠.

영국과 스페인 식민지 중간의 미시시피강 유역부터 캐나다 북동부 퀘벡 지역까지는 부르봉왕조의 프랑스 소유였습니다. 루이 14세, 루이 16세 등등 귀에도 익숙한 수많은 '루이' 왕들이 바로 부르봉왕조의 왕입니다. 당시 많은 땅들이 미시시피강 하구를 빼고는 제대로 개발이 이뤄지지 못한 채 선만 긋고 "내 땅이야"하는 수준이었죠.

그러다가 18세기 중반 유럽에서 세계대전급의 전쟁이 일어납니다. 바로 7년 전쟁이에요. 7년 전쟁은 유럽 국가들의 전쟁이었지만 전투는 이들의 식민지로도 이어집니다.

북아메리카도 마찬가지였어요. 프랑스는 영국과 북아메리카에서 싸웠지만 시그널 힐 전투 등에서 패배하면서 협상의 주도권을 빼앗겨요. 결국 식민지를 스페인과 영국에 넘기고 말죠. 미시시피강을 기준으로 동쪽은 영국, 서쪽은 스페인이 가져갑니다. 그러나 이후 나폴레옹의 등장으로 프랑스는 1800년에 미시시피강 일대를 다시 스페인으로부터 받아냅니다.

다시 첫 번째 장면으로 돌아가서, 1732년 완성된 영국의 북아메리카 식민지 13개 주는 1756년 벌어진 7년 전쟁에서 어떤 자세를 취했을까요? 이들은 영국의 승리를 위해 그들 편에서 열심히 싸웁니다. 영국은 어떤 반응을 보였을까요? 더 좋은 대우는커녕, 오히려 세금만 더 내라는 압박을 가합니다.

결국 13개 주는 반발하며 독립을 선언하고 나섰어요. 바로 1775년부터 1783년에 일어난 미국 독립전쟁입니다. 1776년, 그 유명한 미국 독립선언서가 발표되죠. 7년 전쟁 때 영국에 패했던 프랑스가 이 때 미국을 열심히 도왔습니다. 그렇게 '1783년' 미국은 국제적으로 '독립'을 인정받았죠. 미국 영토의 역사 두 번째 장면입니다.

영국은 애팔래치아산맥 서쪽부터 미시시피강 동쪽까지, 7년 전쟁 때 프랑스로부터 가져온 북아메리카 식민지 일부를 미국에 내줍니다. 미국 입장에서는 독립과 동시에 영토가 두 배로 늘어난 셈이니, 이때부터 열심히 미시시피강 유역을 개발합니다.

최고의 부동산 투자

그런데 문제가 생깁니다. 미시시피강 하구 뉴올리언스가 프랑스 식민지였거든요. 한강 하구에 있는 김포와 인천을 다른 나라가 점령하고 있는 것과 마찬가지입니다. 상상만 해도 짜증 나죠. 실제로 당시 미국 대통령 토머스 제퍼슨은 이런 말을 합니다.

"지구상에 단 하나의 장소가 있다. 이곳의 소유주는 본래 우리의 적으로, 그곳은 다름 아닌 뉴올리언스다."

하지만 생각보다 일이 쉽게 풀려요. 프랑스에 뉴올리언스 통행권을 요구한 미국에게 당시 프랑스의 통령 나폴레옹이 "그냥 루이지앵(루이지애나) 너희가 다 살래?"라고 제안한 거죠. 그렇게 '1803년' 미국의 첫 부동산 투자는 아주 평화적으로 이뤄집니다. 미국 영토의 역사 세 번째 장면이죠.

당시 미국이 구입한 '루이지앵'은 지금의 루이지애나주만 의미하지 않았어요. 미시시피강 하구와 미시시피강 유역의 서쪽에 해당하는 지역으로 214만 7000km², 한반도의 약 열 배나 되는 어마어마한 면적이었습니다.

미국은 당시 자신들의 영토만 한 크기의 루이지애나 땅을 1500만 달러에 구입합니다. 인플레이션을 감안하면 현재 가치로 3~4억 달러 정도라고 하는데요. 2019년 기준 미국의 국방 예산은 6846억 달러에 이릅니다. 미국 입장에서는 헐값에 영토를 두 배로 늘리게 된 셈이죠.

물론 프랑스가 이런 결정을 한 데는 나름의 전략이 있었다고 할 수 있어요. 대서양을 영국과 스페인이 장악하고 있는 상황에서 북아메리카 식민지를 유지하기가 쉽지 않고, 독립국 미국의 힘을 키워주는 게 영국을 견제할 수도 있는 일석이조 방법이니까요.

그러나 미국에게 루이지애나 획득은 단순한 영토 확장 그 이상이었어요. 세계에서 손에 꼽히는 '평원지대'이자 '내륙수로'를 확보한 거였죠. 미국의 역사학자 헨리 애덤스는 루이지애나 구입을 두고 "미국이 투자 대비 이처럼 많은 것을 얻은 일은 지금까지 없었다"고 했다고 전해지죠.

미국 입장에서 19세기 초 북아메리카는 이런 모습이었어요. 영국, 즉 당시 식민지 캐나다는 독립전쟁을 하면서 오대호 북쪽으로 몰아냈죠. 프랑스는 부동산 거래로 내보냈고요. 이제 마지막으로 스페인만 몰아내면 됩니다. 그래서 미국은 스페인 식민지 쪽으로

접근하기 시작합니다. 남동쪽의 플로리다반도와 서쪽의 로키산맥 지역이죠.

'1819년' 미국은 영토의 역사 네 번째 장면을 완성합니다. 스페인과의 플로리다반도 거래 덕분에 북대서양의 아메리카 쪽 절반은 온전히 미국의 앞바다가 되죠.

그리고 스페인과 대륙횡단조약을 맺어요. 북위 42도선을 경계로, 북쪽은 미국의 영향력을 인정하고 남쪽은 스페인 영토로 인정하기로 상호 협약을 체결하죠. 지금의 오리건주와 캘리포니아주의 경계예요. 이게 어떤 의미일까요? 대륙횡단조약 이후, 미국은 마음 편하게 태평양 방향으로 진출할 수 있게 됩니다.

플로리다반도의 구입이 당시 미국 영토를 확장시켰다면, 대륙횡단조약 체결은 오늘날 미국을 있게 한 결정적 사건이었던 거죠. 당시 국무장관 존 퀸시 애덤스는 일기장에 "태평양 쪽의 경계선을 획득한 게 미국 역사의 위대한 시대를 결정적으로 열게 한다"고 기록했다고 합니다.

아메리카의 맹주로 거듭나다

이제 다섯 번째 장면으로 넘어가기 전에 미국의 중대한 선언부터 알아보죠. 1823년 12월 제임스 먼로 대통령이 발표한 미국의 외교 방침, '먼로 독트린'입니다. 쉽게 말해 "유럽의 강국들은 아메리카 대륙에 간섭하지 마!"라는 선언이었죠.

아메리카와 유럽 간 불간섭주의, 미국의 고립주의 노선이라고도 해석할 수 있는데요. 독립한 지 50여 년밖에 안 되는 신생 독립국의 선언이라 유럽 열강들은 크게 신경 쓰지도 않았습니다. 그러나 미국에게는 향후 외교 노선이나 정책 방향성을 결정한 기점이었죠.

하나의 미국

먼로 독트린의 이면에는 "미국은 유럽에 신경 안 쓸게, 아메리카에 집중할게"라는 미국의 입장, 조금 더 나아가서 "아메리카 대륙의 맹주는 미국이 될 거야"라는 미국의 의지가 담겨 있다고 해석됩니다. 실제로 1823년 이후 미국은 아메리카 대륙, 특히 북아메리카에 집중하기 시작합니다. 이후 약 20여 년 동안 영토 서쪽으로의 이민 정책을 적극적으로 실시하면서 영향력을 확대해요.

그런데 하필 1821년 멕시코가 스페인으로부터 독립합니다. 미시시피강 하구의 요충지인 뉴올리언스에서 불과 약 320km 떨어진 곳에 신생 독립국 멕시코가 위치하게 된 거죠. 미국에게는 잠재적인 위협이 생긴 것입니다. '아메리카 대륙에 집중하기로 한' 미국은 이 잠재적인 위협을 폭력적으로 제거해버립니다.

당시 멕시코는 지금의 캘리포니아주부터 텍사스주 지역까지를 영토로 갖고 있었습니다. 그러나 1820년대부터 미국인들이 텍사스로 활발하게 이주하고 정착한 결과, 1830년대 들어서는 텍사스에 가톨릭을 믿는 라틴계(멕시코인)보다 개신교를 믿는 앵글로계(미국인)가 더 많아집니다.

텍사스의 미국인들은 멕시코 정부와 갈등을 겪다가, 결국 1836년 멕시코로부터 독립해 '텍사스공화국'을 세우죠.

그리고 다섯 번째 장면, '1845년' 건국된 지 10여 년된 텍사스공화국이 미국에 합병되어버립니다. 멕시코 입장에서는 오랜 갈등으로 텍사스를 독립시켜줬어도 텍사스가 미국에 붙는 것은 절대 용납할 수 없었을 것입니다. 앞마당을 내주는 꼴이니까요. 결국 두 나라 간에 갈등이 심해지면서 1846~1847년 미국과 멕시코 사이에 전쟁이 일어납니다.

승자는 미국. 텍사스의 미연방 합류가 인정되고, 미국과 멕시코의 동쪽 국경을 리오그란데강으로 삼습니다.

여기에 오늘날의 캘리포니아주, 유타주, 네바다주, 애리조나주, 뉴멕시코주 등을 1500만 달러에 강매해요. 비슷한 시기인 1846년 영국과 국경 합의를 통해 공식적으로 북태평양의 오리건주, 아이다호주, 워싱턴주도 영토로 얻습니다. 그리고 1853년 멕시코에게 남부 영토 일부를 구입하면서 지금의 미국 본토를 완성시킵니다.

미국은 독립을 선언한 지 80여 년 만에 거대한 본국 영토를 완성시켜요. 물론 지나치게 빠른 영토 확장으로 성장통도 겪습니다. 노예제 폐지를 두고 남부와 북부, 농업 중심지와 상공업 중심지가 분열되어 1861~1865년 미국 최후의 내전이라고 불리는 남북전쟁을 경험하죠. 그러나 내전으로도 분리되지 않은 미합중국은, 이후 '하나의 미국'으로 더욱 크게 발돋움합니다.

눈물의 길

이런 장면들 끝에 완성한 광대한 영토는 미국인들에게 자부심의 상징이자 개척의 결과물입니다. 그러나 영토 확장의 역사 이면에는 아메리카 원주민들의 피눈물이 서려 있습니다. 원주민 학살은 독립 훨씬 이전부터 자행되었죠. 원주민 정복과 강제 이주의 역사는 미국 영토사에서 결코 잊어서는 안 될 장면입니다.

1637년 매사추세츠에 거주하는 청교도들과 피쿼트족들의 싸움에서는 한 동네에 살던 원주민 600여 명이 몰살당한 일도 있었습니다. 일부 원주민들은 조직적으로 저항하기도 했지만, 유럽계 이주민들을 당해내지 못하고 점점 서쪽으로 밀려났죠. 이후 원주민들은 18세기 중반 7년 전쟁 때 프랑스 편에 가담했지만(프랑스-인디언 전쟁) 프랑스가 패배하면서 뜻을 이루지 못했고 아메리카 대륙의 소수민족으로 전락해갔습니다.

영국으로부터 독립한 신생국 미국이라고 원주민을 다르게 대하지 않았습니다. 원주민들에게 유럽 문명을 받아들이라고 강요하고, 저항하는 부족은 군사력으로 정복했죠. 애팔래치아산맥 남쪽에 거주하던 체로키족은 미국 정부의 문명화 정책을 받아들이고 1821년에는 '체로키 문자'까지 발명해요. 서양의 문명을 받아들인 치카소족, 크리크족, 촉토족, 세미놀족과 함께 '문명화된 다섯 부족'이라고도 불렸습니다.

그러나 1830년대 원주민들은 자신들의 터전을 빼앗겼고 1838년 다섯 부족은 미시시피강 서쪽의 원주민 영토, 현재의 오클라호마주로 이주를 강요당합니다. 심지어 2000km에 이르는 거리를 걸어서 가라고 했다죠. 이때 원주민들이 강제 이주당한 사건은 '눈물의 길 Trail of Tears'이라고 불렸다고 합니다.

1840년대 후반부터 시작된 서부 개척 시대는 원주민 탄압이 더 광범위하게 벌어진 시기였습니다. 미국 남북전쟁 때인 1864년, 백인 식민지를 공격한 원주민들에 대한 보복으로 북부 군이 원주민 촌락을 기습해 대량 살육을 벌이기도 했습니다. 이른바 '샌드크리크 대학살'이라고 이름 붙여진 이 사건은 미국 역사에서 씻을 수 없는 비극적 장면입니다.

신생 독립국에서 제국주의 국가로

마지막 결정적 장면으로 넘어가기 전에, 장면 하나를 더 넣어볼까해요.

'1867년' 미국이 러시아제국으로부터 알래스카반도를 720만 달러에 구입한 것인데요. 지금 한국 돈으로는 2조 원가량 되죠. 당시 미국 정부는 '쓸데없이 비싼 냉장고'를 샀다는 비난을 받았지만, 현재 알래스카반도는 자원의 보고이자 전략적 요충지로 평가받습니다. 그런 땅을 넘겨버린 러시아의 어리석음이 회자되죠.

하지만 거래 당시 러시아도 나름의 사정이 있었습니다. 시베리아도 온전히 통제하기 어려웠던 러시아제국 입장에서는 당시 주적이

었던 영국 견제용으로 미국에게 알래스카반도를 넘기는 게 최선의
선택이었습니다.

미국 또한 당시 영국의 식민지인 캐나다를 견제하고 태평양으로
진출하기에는 알래스카반도가 딱이었죠. 이처럼 당시는 모두에게
윈윈이었던 전략이 시간이 흐르며 미국의 승리가 됩니다.

이제 미국 영토의 역사 마지막 장면으로 넘어갈게요. 독립 이후
100년 넘게, 미국은 북아메리카에 집중하며 내적인 성장을 진행했
어요. 그래서 바다 바깥으로 눈을 돌릴 틈이 없었죠. 그런데 빠르게
영토를 확장하고 산업화에도 성공하면서, 유럽의 선배들처럼 '제국
주의'에 눈을 뜨기 시작합니다.

19세기 후반, 미국은 동쪽의 대서양, 서쪽의 태평양을 바라보기
시작합니다. 집 밖으로 나가려고 앞마당을 봤는데, 스페인이 보입
니다. 플로리다반도 남쪽에 쿠바섬, 히스파니올라섬, 푸에르토리코
섬 등 섬이 많이 있어요. 앤틸리스제도라고 부르는 곳이죠. 그런데
그 섬들이 대부분 스페인 영향 아래 있었습니다. 반대편으로는 태
평양의 존스턴섬, 미드웨이섬 등에 진출하지만, 역시나 괌과 필리
핀은 스페인의 식민지였어요. 결국 미국은 쿠바가 스페인으로부터
독립전쟁을 일으킨 것을 핑계로, 1898년 미국 스페인 전쟁을 일으
켜 승리합니다. 미국 영토사 마지막 장면은 그렇게 채워집니다.

승리의 대가로 미국은 태평양에 있는 필리핀과 괌, 앤틸리스제도
에 있는 푸에르토리코섬을 할양받고, 쿠바도 자신들의 영향력하에

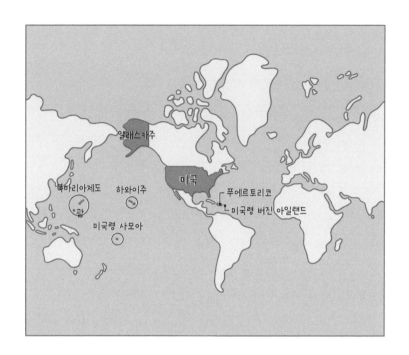

영토 확장의 욕망 앞에서 미국은 제국주의 국가로 변신하며 태평양과 대서양을 발아래 놓습니다.

놓습니다. 같은 해 하와이까지 병합하죠. 태평양과 대서양이 미국의 발아래 놓인 것입니다. 이때부터 미국은 다른 대륙의 일에도 간섭하고 영향력도 행사하는 제국주의 국가로 변모하기 시작합니다.

그리고 10여 년 후, 미국 영토의 역사에는 또 하나의 중대한 시기가 등장하는데요. 미국의 동서에 있는 거대한 바다, 대서양과 태평양이 이어진 것입니다.

미국 입장에서 두 대양을 잇는 것은 전략적으로 중요했는데요. 물자를 옮길 때 바닷길을 이용할 수도 있고, 각 바다에 있는 해군을 다시 배치하는 것도 용이해지기 때문이죠. '1903년' 미국은 파나마 운하의 소유권을 얻어내고 '1915년' 파나마운하를 개통합니다. 이때부터 태평양과 대서양, 두 대양은 미국에게 하나로 이어진 바닷길이 됩니다. 파나마운하의 운영과 소유권은 현재 파나마 정부로 이양된 상태지만, 파나마에 대한 미국의 영향력은 여전히 강한 편입니다.

다시 한번 간단하게 정리해볼까요?

1732년 영국의 13개 식민주 완성. 1783년 독립을 인정받으면서 미시시피강 동쪽까지 진출. 1803년 프랑스에 미시시피강 서쪽 루이지애나 구입. 1819년 스페인에 플로리다반도 매입과 대륙횡단조약으로 태평양 진출 발판 마련. 1845년 텍사스 병합과 미국 멕시코 전쟁을 통해 본토의 대략적인 영역 확정. 1867년 알래스카반도 구입. 1898년 미국 스페인 전쟁을 통한 대서양과 태평양 거점 마련.

이 정도면 미국의 영토가 어떻게 꾸려졌는지 아는 척할 수 있겠죠?

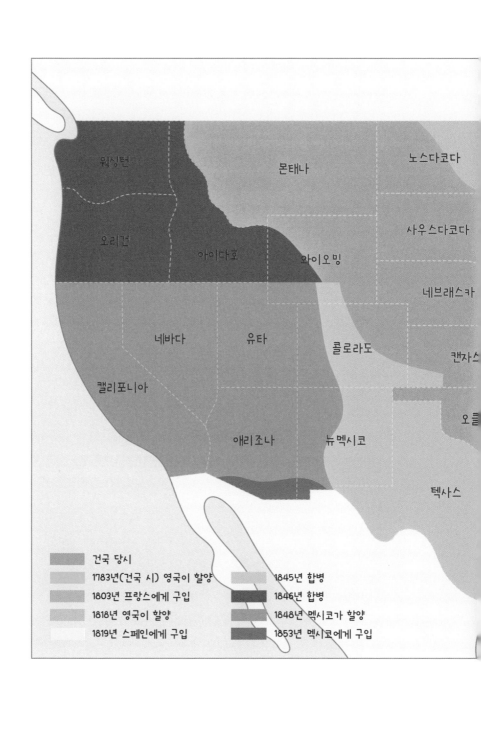

워싱턴

몬태나

노스다코타

오리건

아이다호

와이오밍

사우스다코타

네브래스카

네바다

유타

콜로라도

캔자스

캘리포니아

오클

애리조나

뉴멕시코

텍사스

건국 당시	
1783년(건국 시) 영국이 할양	1845년 합병
1803년 프랑스에게 구입	1846년 합병
1818년 영국이 할양	1848년 멕시코가 할양
1819년 스페인에게 구입	1853년 멕시코에게 구입

미국의 영토가 오늘날의 모습을 갖추기까지는 독립부터 합병, 매입, 전쟁에 이르는 결정적 장면 여섯 개가 존재합니다.

미국의 인문지리
드넓은 미국 자세히 보기

미국을 크게 북동부, 남부, 중서부, 서부로 나눈 후 각 지역이 가진 특징과 문화, 정치 지형도까지를 함께 그려보죠. 대략의 흐름만 파악해도 미국의 분위기를 이해할 수 있습니다.

이제부터는 현재 미국의 문화를 이해할 수 있는 시사 상식 차원의 이야기를 해보겠습니다. 지도와 설명을 보면서 "대충 여기가 이런 느낌이구나" 정도만 가볍게 이해해도 성공입니다.

앞서 미국의 자연지리를 설명할 때 대서양 연안, 중부 내륙, 로키산맥 지역, 태평양 연안으로 나눴었죠. 여기에 동부, 서부, 중부, 남부 등으로도 구분하는 방법도 있습니다.

이외에도 미국의 지역 구분은 굉장히 다양한데요. 지리, 기후, 산업, 인종, 정치 등의 여러 기준에 따라 미국을 나눠보면 알지 못했던 새로운 미국을 발견할 수 있습니다. 지금까지와는 다른 시선에서 미국을 보는 재미도 꽤 쏠쏠해요. 물론 명확한 선으로 딱 그어지는 것은 아니지만요.

미국에 쳐진 다양한 벨트

여기에서는 미국의 인구조사국Census Bureau에서 만든 지역 구분을 중심으로 이야기를 해볼까 해요.

미국의 인구조사국은 미국을 크게 네 구획으로 구분합니다. 북동부Northeast, 남부South, 중서부Midwest, 서부West. 미국의 4대 도시도 북동부의 뉴욕, 남부의 휴스턴, 중서부의 시카고, 서부의 로스앤젤레스를 꼽죠.

미국의 스타팅 포인트인 북동부를 시작으로 시계 방향으로 이야기를 해볼게요. 펜실베이니아주부터 북쪽을 북동부라고 불러요. 대부분 독립 당시, 초기 13개 식민주이기도 했고요. 남북전쟁 때 북부군에 속했던 지역이죠.

북동부를 굳이 또 나누자면, 북쪽의 뉴잉글랜드New England와 남쪽의 중부 대서양Middle Atlantic으로 구분할 수 있는데요. 뉴잉글랜드는 말 그대로 영국계의 청교도 이주민들이 초기에 이주해온 곳이에요. 미국인들에게는 마음의 고향 같은 곳이라고 할까요? 이주하면서 자식들을 교육시키려고 학교를 세웠는데 오늘날 하버드, 예일, 브라운 등 세계적인 명문대로 발전하죠.

남쪽의 중부 대서양은 미국 북동부의 경제 중심지이자, 미국 경제의 핵심이기도 합니다. 뉴욕은 금융과 증권의 중심지, 펜실베이니아주의 피츠버그 등은 전통적인 상공업 도시로 융성했었죠.

남부로 넘어갈까요? 북동쪽의 버지니아주부터 남서쪽의 텍사스주까지를 대개 남부라 일컫습니다. 북동부에 인접한 델라웨어주나 메릴랜드주는 북동부로 치기도 합니다. 남부는 역사적으로, 문화적으로, 인종적으로 복잡한 지역입니다. 일반화할 수는 없고 전체적으로 봤을 때 남부를 이렇게 설명할 수 있는데요.

유럽인들의 이주 당시 '대부분' 아메리카 원주민들의 터전이었고, '대개' 스페인과 프랑스와 영국의 식민지가 혼재되어 있었으며, 대농장 지대가 있어 '대다수' 노예제에 호의적이었고요. 또한 남북전쟁 당시에는 '상당수' 남부 연합에 소속되어 있었고, 기독교 근본주의와 복음주의가 '대체로' 강한 보수적인 지역이라고요.

인구조사국에서는 남부 지역을 다시 세부적으로 남부 대서양South Atlantic, 동남 중앙East South Central, 서남 중앙West South Central으로 분류하는데요. 남부를 비롯해 미국의 인문지리를 이야기할 때는 몇 가지 '벨트'를 알아두면 좋아요.

우선 남부는 '바이블 벨트Bible Belt'라고 부릅니다. 개신교의 영향력이 크기 때문이죠. 기독교 근본주의, 신복음주의의 영향도 커요. 그만큼 정치·사회적으로도 보수적입니다.

남부 한가운데에 있는 앨라배마주부터 대서양 연안의 조지아주까지 '블랙 벨트Black Belt'라 불리는 지역은 이름에서도 느껴지듯이 아프리카계 미국인이 상대적으로 많아요. 빈곤, 실업, 빈부 격차, 교육 문제 등이 거론되는 지역이죠.

서쪽에 있는 텍사스주, 아칸소주, 루이지애나주, 미시시피주는 '라이스 벨트Rice Belt'로 묶여요. 이름에서도 드러나듯이 미국 최대 쌀 생산지입니다.

그런데 여기는 쌀만 많이 나오는 곳은 아니에요. 텍사스주의 휴스턴과 달라스, 루이지애나주의 뉴올리언스를 중심으로 산업도 발달되어 있거든요. 북동부가 제조업과 금융 등 2~3차 산업으로 잘사는 느낌이라면, 이 지역은 농업과 자원 개발 등 1~2차 산업으로 잘사는 느낌입니다.

서부로 넘어가죠. 대개 1845년 이후 미국에 편입된 지역으로, 서부 개척 시대부터 개발이 시작된 지역이에요. 서부는 크게 태평양지대Pacific와 산악지대Mountain로 나뉩니다.

산악지대는 로키산맥, 그리고 산맥과 연결된 사막 지역입니다. 네바다주에는 사막에 만들어진 관광도시 라스베이거스가 있고요. 애리조나주에는 세계 최고의 협곡인 그랜드캐니언이 있습니다. 자연이 만든 최고의 관광지이지만, 일상적으로 살기는 힘든 시골이라 할 수 있죠.

태평양 연안은 산악지대와 달리 사람도 많고 경제도 발전한 편입니다. 태평양 연안 대도시를 중심으로 산업이 발달되어 있어요. 북쪽에는 미국의 수도 워싱턴D.C.와 헷갈리는 워싱턴주가 있습니다. 워싱턴주의 시애틀, 캘리포니아주 북부의 샌프란시스코와 남부의 로스앤젤레스 등이 유명하죠.

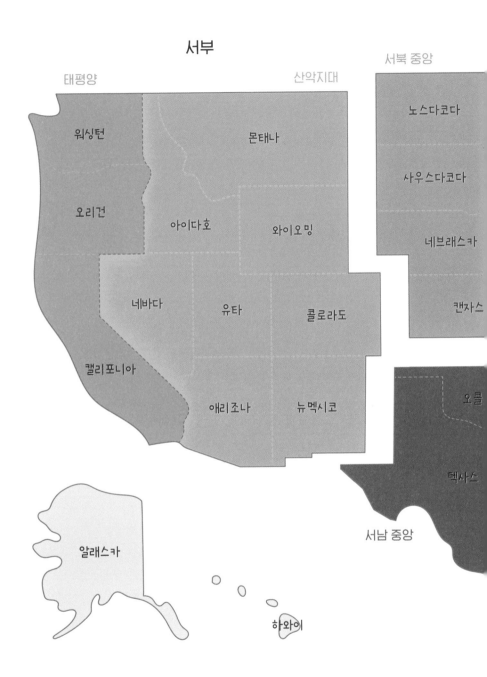

서부

태평양   산악지대   서북 중앙

워싱턴

몬태나

노스다코다

오리건

아이다호

와이오밍

사우스다코다

네브래스카

네바다

유타

콜로라도

캔자스

캘리포니아

애리조나

뉴멕시코

오클

텍사스

서남 중앙

알래스카

하와이

중서부

동북 중앙

북동부

뉴잉글랜드

메인

버몬트

중부 대서양

뉴욕

뉴햄프셔

소타

위스콘신

미시간

매사추세츠

아이오와

일리노이 인디애나 오하이오

펜실베이니아

로드아일랜드

코네티컷

미주리

뉴저지

웨스트
버지니아

델라웨어

켄터키

버지니아

메릴랜드

테네시

노스캐롤라이나

아칸소

사우스
캐롤라이나

미시시피 앨라배마

조지아

루이지애나

남부 대서양

동남 중앙

플로리다

남부

미국 인구조사국의 기준에 따라 북동부, 남부, 중서부, 서부로 구분한 미국은 서로 다른 역사만큼이나 다양한 문화가 혼재되어 있습니다.

참고로 태평양 연안의 캘리포니아주 남부부터 애리조나주와 텍사스주를 지나 노스캐롤라이나주 남부까지, 북위 37도 이남의 지역을 '선 벨트Sun Belt'라고 부른다고 해요. 해가 지표면을 비추는 일조 시간이 길고 따뜻하기 때문이라고 하네요.

마지막으로 중서부로 넘어가죠. 미국을 잘 모르는 사람들에게 가장 생소하고 특징이 없는 지역일 수 있습니다. 애팔래치아산맥 서쪽부터 로키산맥 동쪽까지 이어지는 지역인데요. 중서부 지역은 1850년대 이후로 지금까지 옥수수 생산이 많아 '콘 벨트Corn Belt'라고 불려요.

미국 인구조사국에서는 중서부를 서북 중앙West North Central과 동북 중앙East North Central으로 나누는데, 서북 중앙 지역과 위스콘신주 등은 목축업, 낙농업이 많이 이뤄집니다.

그리고 아이오와주, 일리노이주, 인디애나주, 오하이오주, 미주리주 등 중부 지역은 '그레인 벨트Grain Belt'라고 불리는데요. 세계 최고의 곡물 산지 중 한 곳이거든요. 참고로 콘 벨트와 명확히 구분되지는 않습니다.

오대호 인근의 미시간주, 인디애나주, 오하이오주(중서부), 펜실베이니아주(북동부) 등을 '러스트 벨트Rust Belt'로 묶기도 하는데요. 자동차 산업의 중심지인 디트로이트를 비롯해 미국 철강 산업의 메카인 피츠버그 등 제조업, 중공업으로 한때 잘나갔던 지역이죠. 최근에는 장기 불황을 겪고 있지만요.

미국의 정치 지형도

미국의 지역을 구분하면서 정치 이야기를 빼먹기는 아쉽죠. 미국의 정치 지형은 어떨까요? 200년 넘게 선거를 해왔으니, 정당들도 노선과 전략을 조금씩 수정하며 정치 지형도 바뀌는데요. 많은 주에서 민주당과 공화당은 여전히 치열한 경쟁 구도를 그립니다.

이제부터는 최근 30년 동안의 대통령 선거 결과를 바탕으로 대략적인 모습을 그려보겠습니다.

미국의 선거인단은 538명입니다. 선거인단 수는 연방 상원의원 100명과 하원의원 435명을 더하고, 의원이 없는 워싱턴D.C.에 추가로 배정된 선거인 3명을 합친 숫자예요.

미국 선거제도에 대해서는 한 번쯤 들어봤을 텐데요. 인구 비례로 각 주의 선거인단 수가 배정되고, 각 주별로 투표를 진행해 결과를 합산한 후에, 그 주에서 승리한 정당의 선거인단이 해당 주의 선거인단 표를 전부 몰아줍니다. 대통령 후보는 선거인단 270명만 확보하면 과반으로 당선을 확정 지을 수 있습니다.

이런 선거제도 특성상 인구가 많은 주가 주목을 받을 수밖에 없는데요. 인구가 많은 주는 선거인단이 많을 테고 그런 주에서 승리하면 한 번에 많은 선거인단을 확보할 수 있으니까요.

그래서 미국 대선에는 '빅4' 주가 있습니다. 선거인단 수가 가장 많은 네 개의 주를 말하는데요. 서부의 캘리포니아주 55명, 남부의 텍사스주 38명, 동부의 뉴욕주와 남동부의 플로리다주 각각 29명입

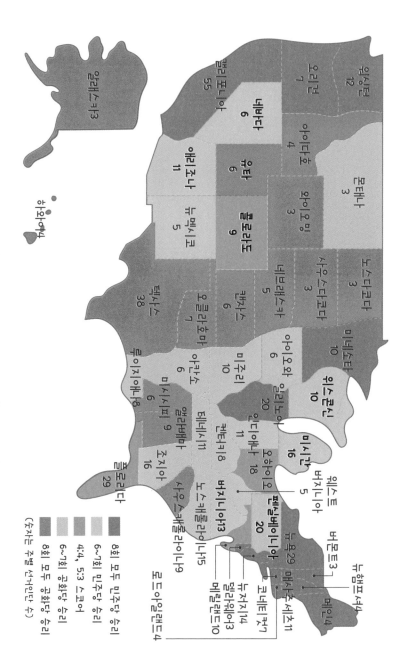

1992~2020년 대통령 선거 주별 선거인단 확보 결과를 통해 다음 대선을 점쳐보는 재미를 찾을 수 있습니다.

워싱턴 12
오리건 7
네바다 6
아이다호 4
유타 6
애리조나 11
캘리포니아 55
몬태나 3
와이오밍 3
콜로라도 9
뉴멕시코 5
알래스카 3
하와이 4

노스다코타 3
사우스다코타 3
네브래스카 5
캔자스 6
오클라호마 7
텍사스 38
미네소타 10
아이오와 6
미주리 10
아칸소 6
루이지애나 8
미시시피 9
위스콘신 10
일리노이 20
미시간 16
인디애나 11
오하이오 18
켄터키 8
테네시 11
앨라배마 9
조지아 16
플로리다 29

메인 4
뉴햄프셔 4
버몬트 3
매사추세츠 11
로드아일랜드 4
코네티컷 7
뉴저지 14
델라웨어 3
메릴랜드 10
사우스캐롤라이나 9
노스캐롤라이나 15
버지니아 13
펜실베이니아 20
뉴욕 29
웨스트버지니아 5

범례 (숫자는 주별 선거인단 수)

- 8회 모두 민주당 승리
- 6~7회 민주당 승리
- 4:4, 5:3 스코어
- 6~7회 공화당 승리
- 8회 모두 공화당 승리

니다. 인구 증감에 따라 선거인단 수는 조금씩 조정되지만 '빅4'는 잘 안 바뀝니다.

캘리포니아주와 뉴욕주는 민주당 텃밭, 텍사스주는 공화당 텃밭으로 꼽혀요. 텍사스주는 인구 구조가 바뀌면서 민주당의 지지율이 높아지는 추세고, 플로리다주도 공화당이 다소 우세하지만 부동층이 많아서 경합 주, 이른바 '스윙 보터' 지역으로 불립니다.

지역적으로 볼까요? 태평양 연안은 분위기가 자유로워서 대개 민주당 텃밭입니다. 캘리포니아주 동쪽의 네바다주는 원래 공화당 우세 지역이었는데, 캘리포니아주에서 이주한 사람들이 늘어나면서 최근 민주당 우세 지역으로 돌아서는 분위기입니다.

참고로 태평양 북쪽에 있는 알래스카주와 태평양 가운데에 있는 하와이주는 정치 성향이 반대예요. 미개척지가 많고 자원 개발이 경제의 중심인 알래스카주는 총기 규제나 환경문제 때문에 공화당이 우세한 반면, 아시아 이주민과 대농장 노동자들이 많은 하와이주는 민주당의 강세 지역입니다.

지도 가운데 있는 지역, 로키산맥이 흐르는 몬태나주부터 남동쪽 대서양 연안의 조지아주까지는 공화당이 우세한 지역입니다. 백인과 유색인종의 인종 문제, 몰몬교나 개신교 등의 종교 차원, 낙농업 등 산업적 이유까지 주마다 공화당이 우세한 이유는 조금씩 달라요.

다만 히스패닉이 상대적으로 많은 뉴멕시코주는 민주당 우세 지역이고요. 캘리포니아주 등에서 이주한 사람들이 늘어난 콜로라도

주는 최근 민주당이 다소 우세한 스윙 보터 지역이 되고 있어요. 같은 이유로 인구구조가 조금씩 바뀌고 있는 애리조나주도 2020년 대선에서 민주당의 조 바이든 대통령의 승리를 확정 지었죠.

그 위의 오대호 인근 지역과 북동부는 2~3차 산업이 발달하고 대도시가 많은, 대체로 민주당 강세 지역입니다. 물론 제조업이 쇠퇴하고 있는 오대호 인근 지역은 공화당으로도 기울기도 해요.

2016년 대선에서 도널드 트럼프 대통령이 오대호 근처 '러스트 벨트'의 불황 심리를 자극한 결과, 미시간주와 펜실베이니아주가 당선의 1등 공신이 되기도 했죠. 그러나 2020년에는 이들 주가 민주당 손을 들어주면서 연임에 실패하고 맙니다.

이 밖에도 버지니아주, 오하이오주 등 남동부와 북동부의 중간에 낀 지역은 스윙 보터인 경우가 많은데요. 특히 오하이오주는 인구도 많아서 이 지역에서 이기면 대선에서 이긴다는 '오하이오 징크스'라는 말도 있습니다.

다시 간단하게 정리하면, 미국은 크게 북동부, 남부, 중서부, 서부로 구분할 수 있어요. 미국의 정신적 고향 북동부는 산업과 경제가 발달한 대도시가 많고 민주당 지지 성향이 강하죠. 따뜻한 남부는 경제적·종교적 이유가 섞이며 대개 보수적이고요. 내륙지역인 중서부는 곡물 산지와 제조업과 중공업 지대가 있습니다. 마지막으로 서부는 인구가 적고 보수적인 산악지대, 그리고 경제가 발달하고 자유주의적인 태평양 해안으로 나뉘죠.

지리가 만든 초강대국,
미국 챕터 정리

✳ 미국은 지리적으로 천연 요새의 모습을 띱니다. 동서로 거대한 바다가 존재하고, 남북으로는 사막과 얼음 땅이 있어서 역사적으로 본토를 공격받은 경험이 거의 없습니다. 또한 국토 중앙에는 로키산맥과 애팔래치아산맥 등에서 발원하는 미시시피강과 많은 지류가 흐르면서, 농업에 적합한 대평원이 형성되어 있습니다.

✳ 미국의 영토가 처음부터 넓었던 것은 아닙니다. 영국인들이 세운 북아메리카의 식민지가 18세기 초 완성되고 18세기 후반 13개의 식민주는 영국과의 전쟁을 통해 독립합니다. 이후 프랑스에게서 미시시피강 유역인 루이지애나를 구입하면서 세계에서도 손에 꼽히는 농경지와 내륙 수로를 확보합니다. 이후 스페인·영국과의 협약, 멕시코와의 전쟁을 통해 서부를 개척하고 태평양으로 나아갈 수 있는 발판을 마련합니다. 물론 그 과정에서 원주민들을 탄압하기도 하죠. 내부적인 역량을 끌어올린 미국은 멕시코만과 태평양에 식민지를 건설하고 다른 나라에 영향력을 행사하는 제국주의 국가가 됩니다.

✳ 거대한 미국에는 다양한 사람들이 살고 있습니다. 미국은 크게 북동부와 남부, 중서부와 서부로 나눌 수 있죠. 각 지역은 지리적으로 구분될 뿐만 아니라 주민 구성과 역사적 경험도 조금씩 달라서 정치적·경제적·사회적으로도 구분할 수 있습니다.

CHAPTER 4

가지각색
아메리카,
중남미

———

오랜 기간 다양한 사람들이 서로의 피를 섞어 만든 혼혈 대륙,

왜 라틴아메리카는 미국과 다른 길을 걷게 되었을까요?

중남미의 자연지리
미국과 비슷한 듯 다른 대륙

아메리카 북부와 남부는 비슷한 역사를 경험했고 지리적 모습도 유사하지만, 전혀 다른 이미지로 기억되죠. 남부만 떨어뜨려 봐도 구분하는 범위에 따라 이름도, 속하는 나라도 가지각색입니다.

아메리카의 명칭은 이탈리아 피렌체 출신 항해사 아메리고 베스푸치Amerigo Vespucci의 이름에서 유래했다고 합니다. 베스푸치에 의해 아메리카는 아시아의 일부가 아니라 '신세계(신대륙)'라는 게 처음 밝혀졌다고 하죠.

북쪽의 캐나다부터 남쪽의 아르헨티나까지, 이 거대한 신세계 안에는 미국 외에도 다양한 나라들이 있습니다. 크게 두 구획으로 나눠서, 북쪽의 미국과 캐나다는 '북미' '북아메리카'라고 부르고요. 남쪽의 멕시코부터는 '중남미' '남아메리카' '라틴아메리카' 등으로 부릅니다.

북쪽과 남쪽의 아메리카는 닮은 부분이 많은데요. 동쪽에는 대서양, 서쪽에는 태평양이 있고 양 끝은 극지방과 가까운 길쭉한 모양입니다. 역사적으로도 모두 16세기부터 유럽의 식민 지배를 당했고, 18세기 말부터 19세기 초에 독립하죠.

하지만 우리가 생각하는 남쪽의 아메리카는 미국이나 캐나다와는 이미지가 매우 다릅니다. 중남미 하면 떠오르는 대표적인 이미지들은 무엇인가요? '축구 잘하는 나라' '자연환경은 빼어나지만 여행을 가기에는 위험한 나라' '정치적·경제적으로 불안한 나라' 등등의 이미지가 떠오르지 않나요?

비슷한 환경, 비슷한 역사적 경험을 한 북미와 중남미는 어쩌다 다른 현재를 갖게 되었을까요? 그 이유를 중남미의 지리와 지도를 통해 알아보죠.

남미에서 라틴아메리카까지

아메리카의 북부와 남부는 파나마지협을 경계로 나뉩니다. 좁은 바다를 해협이라고 하듯 지협地峽이란 좁은 땅을 의미하는데, 파나마에 있는 작은 땅 파나마지협과 그곳에 건설된 인공 수로 파나마운하가 아메리카를 위아래로 가르죠.

지리적으로 보면 파나마지협(운하) 위쪽의 캐나다, 미국, 멕시코 등의 나라들이 북아메리카, 콜롬비아와 베네수엘라부터 칠레와 아르헨티나까지가 남아메리카입니다. 그리고 미국 플로리다 남쪽, 멕시코 동남쪽, 콜롬비아와 베네수엘라 북쪽에는 작은 섬나라들이 있

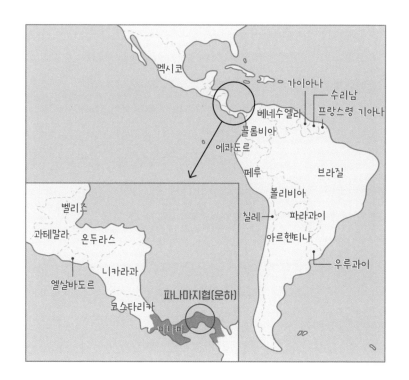

멕시코부터 아르헨티나까지에 이르는 거대한 아메리카 대륙은 나누는 방법에 따라 명칭도 다양하고 복잡합니다.

습니다. 이곳을 카리브해 지역이라고 해요. 중남미에 포함되기도 하고, 카리브해 지역을 따로 구분하기도 합니다.

이처럼 지리적인 구분이 애매하기 때문에 남아메리카는 중남미, 메소아메리카, 라틴아메리카 등 다양한 명칭으로 불립니다. 멕시코와 그 이남의 나라들은 북아메리카의 미국, 캐나다와 분위기가 이질적이죠.

그래서 과테말라, 벨리즈, 엘살바도르, 온두라스, 니카라과, 코스타리카, 파나마 등 남쪽의 나라를 '중앙Central아메리카(중미)'라고 부르기도 해요. '메소아메리카'는 중앙아메리카에 멕시코까지를 포함한 영역으로, 그리스어로 '중간(중앙)'을 뜻하는 '메소Meso'가 붙은 명칭이고요. 여기에 바하마, 쿠바, 자메이카, 아이티, 도미니카공화국 등 카리브해 지역까지 합치면 '중Middle아메리카'가 됩니다. 참고로 지리적인 환경이 비슷한 콜롬비아, 베네수엘라를 포함시키기도 해요. 이렇게 멕시코부터 아르헨티나까지 전부 합치면 '중남미'가 됩니다.

이렇게 중남미를 어떻게 나누느냐에 따라 부르는 이름이 여러 가지인데요. 용어가 복잡해 보이지만, 작고 '앙'증 맞은 나라들은 중'앙'아메리카, '멕'시코까지 포함하면 '메'소아메리카라고 기억하면 편해요. 이제 절대 안 잊어버리겠죠?

아메리카 대륙을 역사적·문화적으로 구분하면 '앵글로아메리카'와 '라틴아메리카'로 나눌 수 있습니다. 캐나다와 미국처럼 영국의 영향을 받은 나라들이 '앵글로아메리카', 스페인, 포르투갈, 프랑스의 영향을 받은 나라들이 '라틴아메리카'에 포함되죠. 미국과 멕시코의 국경이나 그 국경선을 따라 흐르는 리오그란데강을 경계로 합니다.

참고로 지리적으로는 남아메리카지만 문화적으로는 라틴아메리카가 아닌 나라가 있어요. 네덜란드의 식민지였던 수리남과 영국의 식민지였던 가이아나 등이 그렇죠.

라틴아메리카에 남아 있는 프랑스의 흔적은 명칭에서 찾아볼 수 있는데요. 19세기 전반에 활동했던 프랑스 작가 미셸 셰비에르가 라틴아메리카를 처음 쓰기 시작했다고 하죠. 당시 영국이 초강대국으로 부상하면서, 로망스어군을 쓰는 스페인, 포르투갈, 프랑스 등 라틴계 유럽과 그들의 영향을 받은 중남부 아메리카가 뭉쳐야 한다는 의미로 사용되었다고 해요.

실제로 프랑스도 북아메리카의 미시시피강 어귀부터 캐나다 퀘벡주까지, 그리고 카리브해의 아이티와 남아메리카 북부의 기아나 등 식민지를 갖고 있었거든요. 라틴아메리카라는 명칭은 프랑스의 이런 제국주의적 발상에서 파생된 거였죠.

미국 이남의 나라들은 대부분 스페인과 포르투갈의 식민 지배를 받았습니다. 그래서 중남부 아메리카는 히스패닉 아메리카(스페인계 아메리카), 이베로 아메리카(이베리아반도 국가들의 영향을 받은 아메리카) 등으로 불리기도 했어요.

그러나 중남미의 독립을 주도했던 현지 엘리트들은 스페인과 포르투갈 제국의 흔적을 지우고 싶어 했다고 해요. 여기에 19세기 프랑스가 세계적인 문화 선진국이기도 해서 라틴아메리카라는 용어가 현지에서도 정착되었다고 합니다.

한편 2008년 베네수엘라의 우고 차베스 대통령은 중남미를 '인도 아메리카'로 부르자고 주장하기도 했어요. '원주민인 인디언들의 땅'이라는 의미를 지닌, 민족주의적 주장이죠.

문명을 품은 산맥과 고원, 그리고 카리브해

중남미의 지리는 미국과 비슷한 구석이 많습니다. 물론 미묘하게, 그리고 근본적으로 다른 구석도 있죠. 미국이 서쪽에 높은 로키산맥, 동쪽에 상대적으로 낮은 애팔래치아산맥에 둘러싸여 있었던 것 기억하죠? 중남미 양쪽에도 거대한 산지가 형성되어 있습니다.

산맥과 고원 | 멕시코고원, 브라질고원, 안데스산맥

멕시코는 시에라마드레산맥이라는 거대한 산맥으로 에워싸여 있습니다. 그 크기가 얼마나 큰지 시에라마드레 오리엔탈(동쪽), 시에라마드레 옥시덴탈(서쪽), 시에라마드레 델수르(남쪽)로 구분해요. 이 산맥들이 멕시코 중앙 지대의 멕시코고원을 둘러싸고 있습니다.

멕시코고원에서 중남미의 대표적인 고대 문명인 아스테카문명이 발달했어요. 아스테카왕국의 수도였던 테노치티틀란이 있었던, 현재 멕시코의 수도 멕시코시티가 시에라마드레산맥으로 둘러싸인 멕시코고원에 있죠. 참고로 또 다른 대표 고대 문명인 마야문명은 멕시코 동남부 끝에 튀어나온 유카탄반도를 중심으로 번영했습니다.

남미로 가볼까요. 세계에서 가장 긴 산맥인 안데스산맥이 카리브해를 바라보는 베네수엘라부터 콜롬비아, 에콰도르, 페루, 볼리비아, 칠레와 아르헨티나까지 7개국에 걸쳐 있습니다. 길이만 약 7000km에 달해요. 해발고도 6100m 이상의 고봉高峯이 50여 개. 아시아에 있는 히말라야산맥 다음으로 높은 산맥이죠.

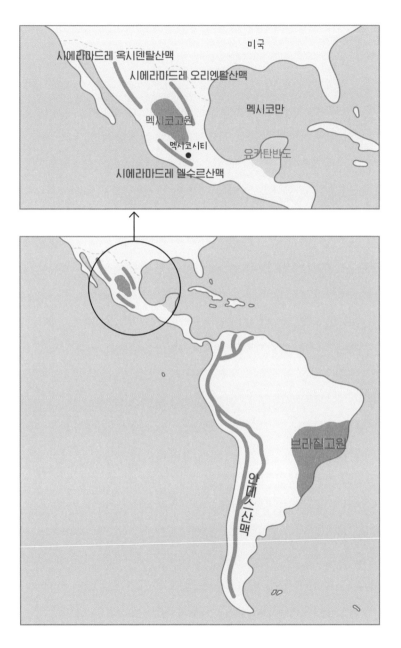

미국과 비슷하게 중남미도 대륙 양쪽으로 산지가 형성되어 있습니다. 하지만 중남미 산맥의 경제적·역사적 가치는 미국과 비교할 수 없을 정도로 아주 크죠.

산맥은 세 부분으로 나뉩니다. 베네수엘라, 콜롬비아, 북부 에콰도르까지 북부 안데스, 남부 에콰도르, 페루, 볼리비아, 북부 아르헨티나, 북부 칠레에 이르는 가장 넓고 고봉이 많은 중앙 안데스, 남부 아르헨티나와 남부 칠레에 있는 남부 안데스입니다.

남미의 동남쪽에는 브라질고원이 있어요. 안데스산맥과 비교하면 상대적으로 평평한 고원이죠. 탁자와 같이 생겼다고 해서 탁상지卓狀地, 방패 모양에서 딴 이름의 순상지楯狀地 등으로 불려요.

어때요? 서쪽에 높은 산맥, 동쪽에 낮은 산맥. 미국과 비슷하죠? 하지만 산지가 갖는 경제적·역사적 가치에는 큰 차이가 있습니다. 미국의 로키산맥은 소위 '똥땅' 취급을 받았지만, 중남미에서는 반대입니다. 중남미의 역사는 고원, 순상지, 산지 계곡을 따라 발달해요. 브라질고원 남부도 기후가 좋고 용수가 풍부하거든요. 브라질 제1의 도시이자 남아메리카 최대 도시 상파울루가 브라질 남부 고원에 자리 잡은 것도 우연은 아닌 거죠.

안데스산맥도 그렇습니다. 위도상 남아메리카는 대부분 열대기후에 속해요. 엄청 더운 기후라서 오히려 고산지대가 그나마 사람 살기 낫습니다. 고산지대에 계단식 밭을 지으면서 사는 거죠. 실제로 '안데스Andes'라는 말이 계단식 밭을 가리키는 스페인어 '안데네스Andenes'에서 유래했다고 해요. 그래서 잉카문명 등 남아메리카의 문명들도 안데스 산지에서 주로 발생했어요. 여기에 멕시코 중북부와 페루, 볼리비아 등지에는 은과 주석 등 다양한 광물자원이 풍부하게 매장되어 있어서 스페인 식민 시대부터 광업이 발달했어요.

카리브해 | 앤틸리스제도

마지막으로 섬 이야기를 해볼까 해요. 유럽에서 배를 타고 자연풍과 해류에 몸을 맡기면 자연스럽게 카리브해 지역에 도착해요. 그래서 이 지역의 섬들은 유럽인들의 신대륙 발견 당시 가장 먼저 발견되고, 가장 먼저 착취당하죠. 인구 대부분은 식민 시대 때 아프리카에서 온 흑인 노예들의 후손입니다.

아메리카 대륙을 발견한 크리스토퍼 콜럼버스가 이곳을 인도라고 착각했다는 이야기 한 번쯤 들어봤을 텐데요. 서인도제도라는 명칭이 바로 여기에서 유래했어요. 앤틸리스제도에는 많은 섬들이 늘어져 있어요. 구분하면 대大앤틸리스제도와 소小앤틸리스제도로 나뉘고요.

대앤틸리스제도에는 카리브해에서 가장 큰 섬인 쿠바를 비롯해 바하마, 자메이카, 아이티와 도미니카공화국으로 이뤄진 히스파니올라섬, 푸에르토리코 등이 있고, 소앤틸리스 제도에는 버진아일랜드, 바베이도스 등이 있죠. 대서양 항로의 거점이라 역사적으로 해적이 많았던 지역입니다.

영화 〈캐리비안의 해적〉에서 캐리비안이 카리브의 영어식 표현이에요. 최근에는 조세 피난처로도 유명하죠.

남미 동남쪽 끄트머리에는 작은 섬 두 개가 있습니다. 이곳을 아르헨티나에서는 라스말비나스제도라고 부르고, 영국에서는 포클랜드제도라고 부릅니다. 현재는 영국 영토지만, 아르헨티나에서는

유럽에서 배를 타고 나가면 만나게 되는 카리브해 지역의 섬들은 가장 먼저 발견되었다는 이유로 가장 먼저 착취당한 지역입니다.

이곳을 포클랜드라고 지칭하면 위법 행위로 간주한다고 해요. 여전히 영토 분쟁이 존재하는 지역인 거죠. 포클랜드제도 인근 바다에 원유와 천연가스가 매장되어 있다고 하니, 명칭에 왜 그렇게 민감한지 이유를 알겠죠.

강과 내륙에 모여 살지 않는 사람들

높은 산지를 봤으니 강과 저지대를 살펴보죠. 중남미의 대표적인 강은 브라질 북동부를 가로지르는 아마존강입니다. 아프리카의 나일강에 이어 세계에서 두 번째로 긴 강이에요. 안데스산맥과 브라질고원 등에서 나오는 물줄기도 워낙 많아서 세계에서 유역 면적이 가장 넓다고 합니다. 남아메리카 대륙 면적의 3분의 1이 아마존강 유역이에요.

'아마존'이라는 단어를 들으면 무엇이 떠오르나요? 아마 정글과 밀림이 아닐까 싶은데요. 실제로 아마존강 유역은 대부분 정글이에요. 열대우림이죠. 강 자체도 늪이에요. 배로 이동하기 힘듭니다. 게다가 식생은 풍부한데 정작 사람이 농사를 지을 수 있는 농지나 작물은 거의 없습니다. 대신 독초와 독벌레가 득실거리죠. 동물도 다양하게 살고 있지만, 가축으로 쓸 수 있는 동물은 거의 없어요.

그래서 아마존강 유역에는 남아메리카 전체 인구의 8% 정도만 살고 있습니다. 인구밀도가 상당히 낮죠. 사람이 거의 살지 않는 반면 숲은 울창해서 아마존강을 '지구의 허파'라고 부릅니다.

물론 철, 금, 석유 등의 천연자원이 다양하게 매장되어 있고 양도 풍부해서 아마존강 유역을 개발하려는 움직임도 존재합니다. 하지만 자연환경 자체가 개발하기에 어렵고, 지구의 허파 역할을 하는 만큼 환경문제가 끊임없이 거론되죠.

내륙 대부분을 차지하는 아마존강 유역이 이런 상황이라 남아메리카는 내륙이 발달하기 힘든 환경이에요. 그래서 남아메리카 대부분에는 해안 도시가 발달했죠. 유럽에서 온 부유한 이민자들은 해안 도시에서 살고 빈민층은 내륙의 촌에서 사는 분위기입니다. 인구학적으로 보면 남아메리카는 가운데가 텅 빈 대륙 같아서 해안 지역을 '인구가 밀집된 테두리'라고도 해요.

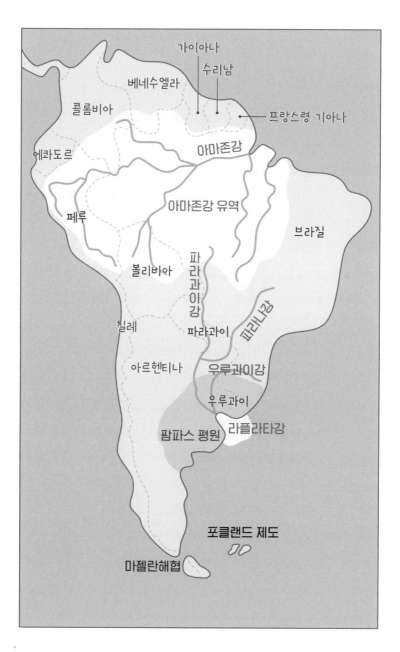

가이아나
수리남
베네수엘라
콜롬비아
프랑스령 기아나
에콰도르
아마존강
아마존강 유역
페루
브라질
볼리비아
파
라
과
이
강
파
라
나
강
칠레
파라과이
우루과이강
아르헨티나
우루과이
라플라타강
팜파스 평원
포클랜드 제도
마젤란해협

내륙 대부분을 차지하는 아마존강은 자연환경이 나빠 개발이 어렵습니다. 그래서 남아메리카 대륙 대부분은 해안 도시가 발달했죠.

중남미의 대표적인 강, 라플라타강은 강이라기보다는 거대한 만에 가까워요. 브라질고원 남부에서 발원하는 파라나강과 우루과이강이 만나서 남대서양으로 흐릅니다. 라플라타강은 아르헨티나와 우루과이의 국경 역할을 해요. 강 남쪽에는 아르헨티나의 수도 부에노스아이레스가, 강 북쪽에는 우루과이의 수도 몬테비데오가 있습니다.

열대우림(아마존강) 아니면 고원지대(안데스산맥)가 주를 이루는 중남미에도 라플라타강 근처에는 아열대 평원이 펼쳐져 있습니다. 세계에서 가장 비옥한 곳 중 하나인 팜파스 평원이 라플라타강 유역에 자리 잡고 있어요. 덕분에 아르헨티나는 브라질보다 영토도 작고 인구도 적지만 남아메리카의 양강兩强으로 성장합니다.

참고로 브라질고원 남부부터 파라과이, 우루과이, 아르헨티나, 칠레 남부를 묶은 남아메리카 남부 지역을 '남미 원뿔꼴Southern Cone' 지역, 스페인어로 '코노 수르Cono Sur'라고 부릅니다. 기후가 온화하고 높은 소득 수준을 보이죠. 대륙 남쪽 끄트머리에는 남아메리카 대륙 본토와 티에라델푸에고섬 사이에 마젤란해협이 있습니다. 인류 최초로 세계 일주를 한 페르디난드 마젤란Ferdinand Magellan이 처음 발견한 해협이라 이름이 그렇게 붙여졌습니다.

중남미의 지리를 간단하게 정리해볼까요?

① 아메리카 대륙은 파나마지협(운하)을 기준으로 크게 북아메리카와 남아메리카로 구분되지만, 역사적·문화적으로는 미국 남쪽의 나라들을 묶어 중남미(라틴아메리카)라고 합니다.

② 중남미는 시에라마드레산맥, 안데스산맥, 브라질고원 등이 둘러싸고 있는데, 다른 대륙과 다르게 산맥과 고원지대에 상대적으로 문명과 도시가 발달했어요.

③ 중남미의 대표적인 강인 아마존강은 사람이 살기 어려운 열대 우림과 늪지대입니다.

이 정도면 중남미 지리는 어떻게 이뤄졌는지 아는 척할 수 있겠죠?

중남미 대륙의 역사
신대륙 발견 이전과 이후의 중남미

중남미가 하나로 묶일 수 없었던 이유는 무엇일까요? 고유의 원주민 문화를 간직한 중남미 나라들은 유럽의 식민지를 거치며 분열되었고, 그 잔재는 독립 후 오늘날까지 이어집니다.

중남미가 '라틴아메리카' 또는 '이베로 아메리카'라고 불리는 데는 스페인과 포르투갈 등의 식민 지배 경험과 라틴과 이베리아 문화에 영향을 받은 역사적 이유가 있었죠.

그러나 중남미는 단순히 라틴 문화의 복사판이라 볼 수 없습니다. 그렇게 생각하는 것은 중남미를 아직 잘 이해하지 못한 거예요. 중남미에는 지금까지도 원주민의 문화가 남아 있어요. 그래서 유럽과 아메리카의 문화가 지금도 여전히 섞이는 중이죠.

따라서 중남미의 역사를 제대로 이해하기 위해서는 신대륙 발견 이전의 모습을 살펴보는 게 중요합니다. 아메리카 대륙의 태곳적 이야기를 해볼게요. 지금부터는 중남미의 고대 문명에 대해서 아는 척하는 시간입니다.

산맥과 고원에서 시작한 문명들

중남미 문명은 메소아메리카문명과 안데스문명으로 나뉩니다. 메소아메리카에 마야문명과 아스테카(아즈텍)문명, 안데스산맥에 잉카문명이 꽃피죠.

느슨한 연합체였던 마야, 인신 공양 문화가 있던 아스테카(아즈텍), 전제군주제가 발달한 잉카, 이들 문명은 높은 산지와 고원에서 시작했습니다.

바로 마야문명으로 가보겠습니다. 기원전 3세기에서 기원후 16세기 멕시코 남부의 유카탄반도부터 온두라스까지, 사람이 살기 힘든 열대우림에서 문명을 꽃피워요. 유럽의 탐험가들은 마야문명의 신비로움과 경이로움에 찬사를 아끼지 않았죠.

기원후 4세기까지 다른 지역의 영향을 받다가 이후 독자적인 문명을 형성하는데, 9세기 이전을 '고전기 마야', 10세기 이후를 '후기 마야'로 구분합니다. 유적을 토대로 분석하면 고전기 마야 시절이 오히려 전성기였다고 해요.

마야문명의 특징 첫 번째는 도시국가의 연합이었다는 점인데요. 고대 그리스 느낌이 나죠? 아스테카나 잉카와 달리 제국으로 발전하지 않고 느슨한 도시 연합체였다고 해요. 마야 문자는 있었지만, 언어는 도시마다 달랐다고 합니다. 문화나 경제, 기술은 비슷한데, 언어나 생활 방식이 달라서 부족끼리 말도 안 통했다고 해요.

중앙집권적이지 못한 덕분에 당시 정복자를 지칭하는 '콩키스타도르conquistador'가 마야 지역을 정복하기 위해 수많은 부족과 일일이 싸워야 했어요. 또한 그 무렵 마야문명은 쇠퇴기에 접어든 덕분에 철저하게 파괴되지 않았죠. 그래서 지금까지도 마야의 문화가 동네 곳곳에 남아 있다고 해요.

마야문명 두 번째 특징은 청동을 사용하지 않고도 세워진 고도의 문명이라는 점입니다. 마야인들은 수학이나 천문학에 능했다고 하죠. 고대 문명 중 몇 안 되게 '0'을 사용했고 인류가 사용한 그 어떤 달력보다 정확한 달력을 썼다고 해요.

아스테카문명으로 넘어가죠. 멕시코 국기 중앙에는 '선인장 위에 독수리가 뱀을 물고 앉아 있는 모습'이 있어요. 동전에도 있고, 증명서에서도 많이 쓰여요. 바로 아스테카문명의 건국 신화, 기원 설화에서 온 것입니다.

전설의 도시국가 아스틀란에 살았던 아즈텍족은 그들의 주신이자 전쟁의 신, 위칠로포치틀리Huitzilopochtli의 명령에 따라 멕시코 중앙고원으로 향하고, 부족 이름도 아즈텍에서 멕시카로 바꿉니다. 신은 아즈텍족에게 날아가는 독수리를 가리키며 "저 독수리가 뱀을 물고 선인장 위에 앉는 곳에 정착하라"고 말하죠.

그 장소가 아즈테카왕국의 수도인 테노치티틀란, 오늘날 멕시코의 수도 멕시코시티였죠. 그렇게 14세기 중엽 자리를 잡은 유목 민족 아즈텍족은 멕시코고원에 농경민으로 자리 잡고 마야문명 등에 영향을 받아 성장합니다.

문화적·기술적으로는 부족했지만 군사 동맹 등을 통해 16세기 전제군주적인 제국으로까지 발전해요. 수도 테노치티틀란의 인구는 분석에 따라 조금씩 다르지만 약 30만 명으로 추정되고요. 당시 유럽에서 인구 10만 명이 넘는 도시는 손에 꼽힐 정도였거든요. 그만큼 엄청난 대도시였던 거예요.

그들의 경제적 원동력은 농업보다 공납, 약탈 등으로 이뤄졌어요. 그리고 정복과 약탈이 결국 발목을 잡죠. 에르난 코르테스 등 스페인 정복자들이 침략했을 때 제국은 분열했고 허망하게 무너지고 맙니다.

아스테카문명의 특징은 굉장히 괴기스럽다는 거예요. 인신 공양 이라고 하죠. 사람을 제사의 제물로 쓰는 문화가 발달합니다. 중국 의 고대 국가인 상나라(은나라)와 비슷해요. 자신들이 지배하는 지 역에서 사람을 바치게 하거나 전쟁 포로를 대상으로 제사 때 살생 을 하며 즐거워했다고 합니다.

아즈텍족은 그들의 신이 영원불멸하지 않은 존재라고 생각했어 요. 따라서 신과 그가 창조한 우주를 유지하려면 인간의 심장에서 나오는 피를 바쳐야 한다고 믿었죠. 그래서 1년에 약 2만 명에 달하 는 포로를 잡아다가 제물로 바쳤고, 포로를 잡기 위한 전쟁을 '꽃의 전쟁'이라고 부르기까지 했습니다.

심지어 사람을 죽이는 기술도 발달해서 사람의 배를 가른 후에도 심장이 뛰는 상태에서 심장을 꺼낼 수도 있었다고 합니다. 그래서 인지 아스테카에서는 의학이 발달했다고 하죠. 끔찍한 종교관이 문 명의 발달을 이끈 셈입니다. 세습 의사가 있어서 골절 치료, 상처 봉 합, 충치, 피부병, 이비인후 질환, 산모의 분만 등의 진료를 봤고, 침 략한 스페인 사람들이 그 의술을 배우기도 했답니다.

이제 안데스산맥의 잉카문명에 대해 알아보죠. 12세기경 페루와 볼리비아 사이에 있는 티티카카호에서 기원했다고 전해져요. 15세 기 무렵에는 북쪽의 에콰도르부터 남쪽의 칠레까지 태평양 연안부 터 안데스의 동쪽 계곡까지 이르는 대제국을 만들어요.

이때 신의 화신이며 태양의 아들인 국왕 '잉카'가 전제정치를 시 행합니다. 언어도 케추아어로 통일했다고 해요. '배꼽'이라는 뜻을 가진 페루의 쿠스코가 수도였어요. 페르시아제국처럼 왕의 길이라는 의미의 도로망 '엘 카미노 레알El Camino Real'을 만들었고요. 황제의 권위가 워낙 강해서 귀족들도 특별한 경우가 아니면 옆에 가지 못했다고 하죠. 잉카 황제가 사망하면 미라를 만들어 신전에 매장하고 순장도 이뤄졌다고 합니다. 마치 이집트의 파라오를 보는 것 같죠? 고원지대에 있어서 계단식 경작지가 많았고 청동기나 금은 도구를 사용했어요. 문자는 실을 묶어서 쓰는 기호, '키푸'를 사용했고요.

그러나 잉카제국도 프란시스코 피사로 등의 콩키스타도르에 의해 정복당하고 맙니다. 잉카문명에서 가장 유명한 마추픽추는 케추아어로 '늙은 봉우리'를 의미하는데요. 해발고도 2400m 고지에 있는 마추픽추는 잉카의 잃어버린 도시, 공중도시로 불려요.

1460년경에 세워졌는데 100여 년 후 콩키스타도르가 침입하자 잉카의 지도자들이 이곳을 버리고 떠나죠. 콩키스타도르도 신전 벽에 붙어 있는 금을 떼서 떠나고요. 그렇게 마추픽추는 수백 년 동안 잊혀집니다. 그러다 1911년 미국의 역사학자 하이럼 빙엄에 의해 발견되죠.

마야, 아스테카, 잉카까지 고대 문명을 속속들이 기억하기란 어렵습니다. 그럴 때는 대표적인 특징 하나만 기억해도 좋아요. 고대 그리스 도시국가처럼 느슨한 연합체였던 마야문명, 중국 상나라처럼 인신 공양이 이뤄졌던 아스테카문명, 이집트와 페르시아처럼 전제군주제가 발달했던 잉카문명.

브라질만 포르투갈어를 쓰는 이유

미국을 두고 '50개의 나라가 합쳐진 것 같다'는 말을 많이 합니다. 넓은 영토의 다양한 주들이 하나의 나라를 형성했기 때문이죠. 미국이 독립한 1770~80년대에서 30여 년이 흐른 후 중남미도 독립하기 시작합니다. 시기상 별로 차이가 안 나죠.

그러나 아메리카합중국United States of America으로 한 나라가 된 미국과 달리, 중남미는 여러 나라로 나뉜 모습입니다. 왜 그럴까요?

이번에는 1492년부터 1820년까지의 중남미 역사를 알아보려고 합니다. 나름의 문명을 이루며 살고 있었던 중남미의 원주민들이 갑작스런 정복과 식민 지배에도 불구하고 독립에 성공한 과정, 그러나 결국 분열한 이유에 관한 이야기입니다. 300년이 조금 넘는 시기를 짧게나마 훑어보며 현재 중남미의 정체성과 연결 지어 보죠.

이 시기의 사건 중 가장 먼저 알아야 할 장면은 1494년 스페인과 포르투갈이 체결한 토르데시야스조약입니다. 8세기부터 이슬람의 지배를 받은 이베리아반도의 기독교도는 800년 가까이 국토 회복 전쟁, 이름하여 '레콩키스타Reconquista'를 벌입니다.

레콩키스타가 1492년 마무리된 후 이베리아반도의 왕국들은 많은 용병들과 정비된 군대를 바탕으로 미지의 바다에 눈을 돌려요. 그렇게 스페인과 포르투갈은 15세기부터 대항해시대를 열죠. 제노바인 콜럼버스가 스페인 여왕의 지원을 받아서 대서양으로 항해를 시작하고, 1492년 10월 12일 카리브해에 도착합니다.

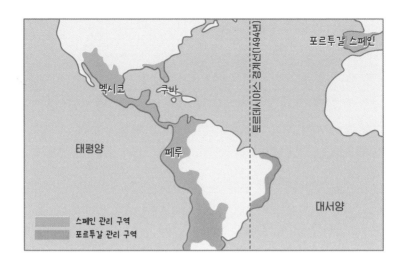

멕시코

쿠바

페루

태평양

대서양

포르투갈 스페인

토르데시야스 조약선(1494년)

■ 스페인 관리 구역
■ 포르투갈 관리 구역

스페인이 신대륙을 발견하면서, 포르투갈과 스페인은 교황의 중재로 서경 46도를 기준
으로 각각 영토를 차지합니다.

    스페인과 포르투갈은 원래 아프리카 서사하라의 보자도르 곶을
기준으로, 새로 발견되는 북쪽의 땅은 스페인이, 남쪽의 땅은 포르
투갈이 소유한다고 조약을 맺었는데요. 그런데 갑자기 스페인이 신
대륙을 발견합니다. 당시 스페인이 발견한 신대륙의 땅은 위도상
보자도르 곶 남쪽이었죠. 스페인과 포르투갈은 갈등하다가 교황의
중재로 서경 46도쯤을 기준으로 서쪽은 스페인, 동쪽은 포르투갈이
차지하기로 조약을 맺습니다. 바로 토르데시야스조약이죠.

    서경 46도 동쪽은 현재 브라질의 동쪽 끝이에요. 토르데시야스조
약 덕분에 포르투갈도 아메리카 대륙에 숟가락을 얹을 수 있었고
지금의 브라질 영토를 개발하게 되죠. 그래서 중남미에서 유일하게

브라질 사람들만 포르투갈어를 쓰고, 다른 나라 사람들은 대부분 스페인어를 쓰게 됩니다.

이후 이베리아반도의 수많은 탐험가들과 종교인들, 정복자들이 아메리카 대륙으로 넘어가 탐사와 선교와 정벌을 합니다. 정복자는 앞서 이야기한 두 명이 대표적이죠. 에르난 코르테스와 프란시스코 피사로.

코르테스는 1519년 500여 명 규모의 병사로 인구 500만 명 정도 되는 당시 아스테카제국(멕시코)을 정복한 사람이죠. 제2의 코르테스가 되고 싶었던 피사로는 1532년 안데스산맥 남쪽으로 진격해서 당시 왕위 계승 문제로 혼란스럽던 잉카제국을 정복했습니다.

정복당한 신대륙은 300년 넘게 식민 지배를 당했습니다. 식민 지배를 통해 이뤄진 신대륙(아메리카)과 구대륙(유라시아)의 교류를 '콜럼버스의 교환The Columbian Exchange'이라고 부르는데요.

신대륙에서 구대륙으로 옥수수, 감자, 고추 등의 새로운 농작물이 전파되고 금, 은, 사탕수수, 카카오 등이 빠져나갑니다. 구대륙에서 신대륙으로는 천연두나 홍역 등의 질병이 전파되며 인구가 급격히 줄어들어요.

그러자 노동력의 빈자리를 보충하기 위해 사하라사막 이남에 살던 흑인 노예들이 유입됩니다. 교환이라 하기에는 너무 슬픈 교환이죠. 당시 아메리카 대륙에서 자행된 원주민 학살과 멸종은 '인류 역사상 최대의 학살'이라고도 불려요.

식민 시대의 잔재

스페인은 거대한 아메리카 대륙의 식민지를 통치하기 위해 임기제의 부왕副王과 총독에게 위임 통치를 시켰어요. '엥코미엔다Encomienda'라고 하는 원주민 위탁 제도는 스페인 국왕이 아메리카 원주민의 노동력을 착취하는 또 다른 형태의 노예제였습니다.

처음에는 멕시코 전역과 미국 남서부, 앤틸리스제도, 필리핀제도까지 묶어 누에바 에스파냐(뉴 스페인) 부왕령을 설치해요. 잉카제국이 멸망한 이후 파나마 이남에 페루 부왕령을 설치했지만, 1717년 페루 이외의 지역을 누에바 그라나다(뉴 그라나다) 부왕령으로 분리합니다. 마지막으로 아르헨티나, 파라과이, 우루과이, 칠레와 볼리비아 일부 지역은 리오데라플라타 부왕령으로 정해요. 이때 스페인이 정한 부왕령의 경계는 지금까지도 이어집니다.

오늘날 중남미는 크게 다섯 지역으로 구분할 수 있는데, 수백 년 전 식민지 시대의 경계와도 비슷합니다. 그중 콜롬비아와 브라질 등은 지역의 경계에 조금씩 걸쳐 있죠.

① **메소아메리카**: 멕시코부터 파나마까지(마야·아즈텍 후손)
② **카리브해**: 바하마, 쿠바, 자메이카 등
③ **안데스산맥**: 콜롬비아부터 볼리비아까지(잉카 후손)
④ **남미 원뿔꼴**: 브라질 남부부터 아르헨티나까지
⑤ **열대 밀림**: 콜롬비아부터 브라질 북부까지

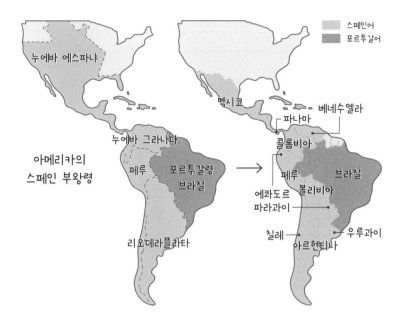

스페인과 포르투갈의 식민지였던 라틴아메리카는 독립운동가들의 활약에도 불구하고 군벌들이 난립하며 분열을 시작합니다.

스페인과 마찬가지로 포르투갈도 본국 귀족을 식민지의 부왕이나 총독으로 보내 위임 통치를 시킵니다. 그런데 위임 통치는 각 지역에서 기득권층을 만들어요. 식민지 사회에서는 유럽 출신의 '페닌술라르peninsular'가 정치 권력을 독점하면서, 신대륙에서 태어난 '크리오요Criollo(크레올Créole)'의 불만이 쌓입니다. 크리오요는 한국사에서 신라 말 6두품과 호족을 섞어놓은 느낌이에요.

그러던 18세기 후반, 중남미 식민지에도 독립의 바람이 불기 시작해요. 식민지에서 오는 막대한 부를 스페인과 포르투갈은 제대로 소화하지 못하고 낭비합니다. 결국 식민지를 제대로 경영하지 못할 지경까지 몰락하죠. 그러던 1770년대에 북아메리카 식민지가 독립해요.

19세기 초반 프랑스의 나폴레옹 제국이 유럽 대부분을 정복하며, 스페인도 점령을 당합니다. 본국이 휘청이던 1810년대 중남미 각지에서 독립운동이 벌어지는데, 이때 독립을 주도한 것은 크리오요 출신 엘리트와 지방 군벌인 '카우디요Caudillo'였습니다.

이후에도 독립운동을 통해 라틴아메리카에서는 해방이 이뤄지지만, 각 지역에서 왕처럼 군림한 카우디요들이 기득권을 놓지 않으면서 분열하기 시작합니다. 지리적으로 봤을 때도 남아메리카가 한데 묶이기는 쉽지 않았죠.

이렇게 각국이 개별적으로 독립하면서 영토 분쟁의 씨앗을 낳기도 해요. 볼리비아와 칠레의 영토 분쟁이 대표적이죠. 1879년 태평양전쟁에서 패한 볼리비아는 해안 지역을 칠레에 빼앗기고 내륙에 갇힌 신세가 되었어요.

그래서 지금도 볼리비아는 남아메리카에서 가장 가난한 나라 중 하나입니다. 안데스산맥에 있는 에콰도르와 페루도 1995년까지 지난 100여 년 동안 세 번의 국경 전쟁을 벌였어요.

멕시코는 독립 과정이 복잡합니다. 개혁적인 신부들을 중심으로 한 독립이 좌절되고, 카우디요들에 의해 1821년 독립을 이루지만 다시 내분이 일어났죠. 이후 겨우 공화국이 수립되었지만 프랑스가 개입해 세운 꼭두각시 제국도 또다시 붕괴되었어요. 이 과정에서 중앙아메리카의 소국들은 연방 공화국을 세웠다가 분열합니다.

포르투갈의 식민지인 브라질의 독립 과정은 다른 지역과 비슷한 듯 다릅니다. 19세기 초 나폴레옹전쟁 때 포르투갈 왕실이 브라질로 도망 와요. 그렇게 브라질 식민지의 목소리가 커진 상황에서 포르투갈 왕이 본국으로 돌아가고 왕세자만 남았는데 이 왕세자가 그냥 독립을 선언해버립니다. 아빠는 포르투갈 왕인데 아들은 브라질 왕으로 독립하죠. 그렇게 브라질의 왕정은 1889년까지 계속됩니다.

그 와중에 브라질과 아르헨티나 사이에 있는 우루과이는 완충지로 독립하게 되고, 파라과이도 지역 군벌에 의해 독립하죠.

라틴아메리카에는 현재 21개국이 존재합니다. 스페인과 포르투갈의 식민 지배하에서 지리적으로 부왕령으로 나뉘고, 독립 영웅들의 활약에도 불구하고 군벌들이 난립하며 분열된 라틴아메리카. 라틴아메리카가 하나의 나라로 묶일 수 없었던 이유도 역사를 통해 보면 조금 이해가 됩니다.

중남미의 인문지리
기로에 선 대륙, 라틴아메리카

역사는 언제나 흐릅니다. 누구든 암울했던 과거는 있기 마련이고, 이를 계기로 더 나아지기도 하죠. 라틴아메리카의 역사도 열강의 힘에 의해 좌절한 사연 대신 밝은 이야기가 기록되는 날이 오지 않을까요?

한 나라의 역사는 그 어떤 역사와도 비교할 수 없는 그들만의 고유한 이야기입니다. 역사란 비교 대상이 아닌 거죠. 하지만 비슷한 시기에 독립한 라틴아메리카와 미국의 역사는 여러 면에서 함께 놓고 살펴볼 만합니다. 역사나 지리의 우열을 가리자는 게 아닙니다. 비슷한 시기에 유럽의 식민지가 되고 비슷한 시기에 독립했으나 다른 길을 걷게 된 과정에 대해 이해해보자는 것입니다.

라틴아메리카는 왜 미국과 다른 길을 걷게 되었을까요? 지리적인 요인만 놓고 보면 라틴아메리카에는 고원과 늪지가 많아 분절적이고, 안정적인 연안 평야도 부족하다는 측면이 있습니다. 그러나 이번에는 지리적 요소 외의 역사를 통해 보려고 합니다. 시간을 거슬러 가보죠.

중남미는 왜 미국처럼 되지 못했을까

영국의 북아메리카 식민지와 스페인과 포르투갈의 중남부 아메리카 식민지는 독립 초기에만 해도 비슷했습니다. 이주민이 원주민을 학살했고, 이주민 사이에도 빈부 격차가 적지 않았습니다.

그런데 왜 라틴아메리카는 미국과 다른 길을 걷게 되었을까요? 어떤 차이가 한 대륙의 운명을 이처럼 나눠놓았을까요?

① 이민자의 성격

유럽에서 온 이민자들 사이에 차이가 있었습니다. 이 내용은 미국의 역사를 이야기하면서도 한번 설명했었죠. 북아메리카 식민지를 개발한 17세기의 영국은 내부적으로 상당히 불안정했습니다. 인구가 증가하며 빈민층도 늘었고, 종교적으로도 국교인 성공회와 맞서는 청교도, 스코틀랜드 장로교의 반발도 거셌어요. 영국 왕실은 이런 반대 세력을 북아메리카 식민지로 쫓아 보냈습니다.

하지만 스페인 정부에게 아메리카 식민지는 안정적인 약탈의 대상이었죠. 그래서 왕실에 충성하는 귀족들을 중심으로 이주를 허용했어요. 부왕과 총독을 정점으로 하는 위임 통치(엥코미엔다)는 '귀족-소작인-노예' '페닌술라르-크리오요-혼혈인/원주민'으로 이뤄진 보수적 체제를 유지하고 강화했죠.

이후 미국은 원주민을 학살하고 얻은 수많은 토지를 이주민에게 소규모로 팔거나 나눠줘서 자영농을 키워갔는데요. 중남미에서는 수탈한 토지나 미개척지를 소수에게 나눠주는 대토지 소유 제도인 아시엔다Hacienda가 청산되지 못했어요. 결국 라틴아메리카의 전형적인 토지 소유 형태가 되었죠.

② 독립 이후의 분위기

중남미의 보수주의적 분위기는 독립기에도 이어집니다. 중남미의 독립은 민중의 독립이라기보다 지방 엘리트와 카우디요의 독립이었어요. 초기 독립운동을 주도한 원주민과 흑인 노예 등 민중들이 배제되고, 크리오요 엘리트를 중심으로 독립이 이뤄지면서 식민 시대와 다를 바 없이 군대, 교회, 아시엔다라는 권력의 토대가 유지되고 강화됩니다.

민중들에게는 독립 이후라고 해도 식민 시기와 다를 게 없었어요. 당시 독립기의 사회적 분위기를 '새로운 노새에 올라탄 똑같은 기수 같았다'라고 표현합니다.

③ 독립 시기

독립의 타이밍도 조금 아쉬웠습니다. 아메리카 대륙의 독립은 유럽 열강들의 상호 견제 때문에 생각보다 순탄하게 이뤄져요. 1789년 미국이 연방 정부를 출범할 당시 유럽은 프랑스혁명과 나폴레옹전쟁으로 20년 동안 혼란기를 겪었어요. 덕분에 미국은 스스로 성장하기 편했죠.

이에 반해 중남미가 독립하기 시작한 1820년대부터는 나폴레옹전쟁이 끝나고 유럽이 보수적인 분위기로 돌아가는 '빈 체제' 시기였습니다. 독립 초기의 중남미 나라들은 열강들의 간섭을 많이 받았고, 국가적으로나 대륙적으로나 역량을 한데 모으고 키울 수 있는 기회가 상대적으로 적었죠.

④ 자원의 저주

풍부한 자원이 오히려 발전의 해가 되기도 했어요. 중남미는 자원이 많은 대륙이에요. 칠레는 구리와 밀, 아르헨티나는 양모와 쇠고기, 페루는 비료로 활용되는 조류의 분뇨인 구아노, 브라질은 커피, 쿠바는 사탕수수, 베네수엘라는 카카오, 멕시코는 에네켄이라고 하는 용설란이 유명하죠.

덕분에 중남미는 농업과 광업 등 1~2차 산업이 발달했고, 농산품과 광산 자원을 수출하며 경제를 키웠습니다. 하지만 국내 산업과 정치적·사회적 성장 기반이 취약한 상황에서 형성된 자원 수출 위주의 경제는 유럽과 미국 등 강대국의 경제에 의존할 수밖에 없는 구조였어요.

내부적으로는 불평등이 커지고 외부적으로는 강대국에 정치적·경제적으로 종속되는 모습은 2차 세계대전 이후 독립한 신생 독립국에서도 잘 나타나는 광경입니다. 제국주의로 부를 축적하고 국가적으로 분배할 수 있었던 유럽 열강들, 산업화와 제국주의의 막차를 탄 미국, 러시아, 일본 등 후기 산업화 국가들과는 지정학적 환경이 달랐어요. 누구는 열등하고, 또 누구는 우월해서 벌어진 차이가 아닌 거죠.

여기에 중남미의 근본적인 문제, 정치적·경제적·사회적 양극화는 줄어들기는커녕 더욱 심해집니다. 그래서 20세기 중남미는 사회주의와 포퓰리즘에 취약해져요. 1980년대부터 중동 세계에 불어닥친 이슬람 근본주의와 비슷하죠. 국가의 부는 늘어나는데 빈부 격차는 심해지고, 정부는 강대국의 꼭두각시인 것처럼 보이면, 민중들은 민족주의적이면서 극단적인 구호에 취약해지니까요.

그러나 미국의 영향력이 강한 중남미에 사회주의와 포퓰리즘 정부는 성공적인 결과를 만들어내지 못했고, 신자유주의를 표방하는 세력과 신좌파 세력 등이 나라의 방향을 두고 경쟁하고 있는 상황입니다.

혼혈 대륙, 라틴아메리카

중남미의 가장 큰 특징은 '혼혈 대륙'이라는 것입니다. 기존 원주민에 유럽인과 아프리카인이 이주하면서 거대한 '인종의 용광로'로 변했어요.

에스파냐계 백인과 원주민 사이에 태어난 혼혈을 '메스티소'라고 부르는데요. 브라질에서는 '카보콜로'라고 합니다. 노예로 이주한 아프리카의 흑인과 유럽 백인의 혼혈은 '물라토', 원주민과 흑인의 혼혈은 '삼보'라고 하죠.

물론 혼혈에 혼혈을 거듭하면서 인종 구별은 무색해졌어요. 현재는 신체적 특징보다는 언어나 문화적 특성에 따라 사람들을 구분하기도 합니다.

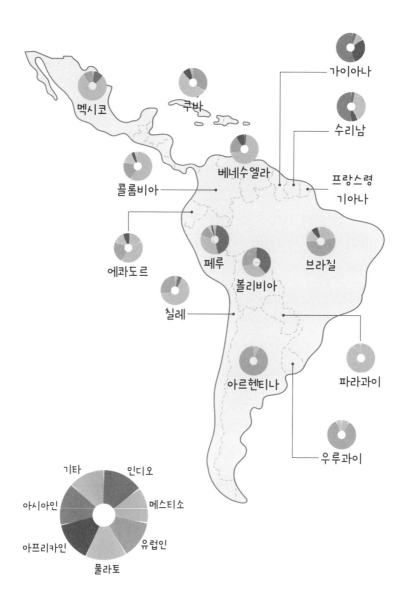

가이아나

수리남

프랑스령
기아나

멕시코

쿠바

베네수엘라

콜롬비아

에콰도르

페루

볼리비아

브라질

칠레

파라과이

아르헨티나

우루과이

기타
아시아인
아프리카인
물라토
인디오
메스티소
유럽인

중남미는 유럽인과 아프리카인, 원주민 혈통이 오랫동안 섞이면서 거대한 '인종의 용광로'가 되었습니다.

중남미 나라 대부분은 유럽계와 원주민의 혼혈인 메스티소가 다수입니다. 그러다 19세기 후반부터 유럽인들의 이주도 늘어나는데요. 상대적으로 안정기를 찾은 유럽을 본보기로 삼아, 유럽 이주민들을 많이 받습니다. 유럽의 도시 문화도 수입하고 인종적인 개조도 시도하죠. 이를 두고 표백 혹은 탈색Branqueamento이라는 표현도 써요. 19세기 전 세계를 강타한 인종주의가 혼혈의 대륙 중남미에도 상륙한 거죠.

1870년부터 1930년 대공황 시기까지 약 800만 명의 유럽인들이 이주합니다. 식민 기간 유럽에서 이주해온 것보다 훨씬 많은 유럽인들이 이 시기에 중남미로 이주해온 거예요. 유럽 이주민이 늘어나면서 브라질의 상파울루, 아르헨티나의 부에노스아이레스는 '남아메리카의 파리'로 불리기도 해요.

19세기 말부터 20세기 초까지 유럽에서 대규모 이민을 받은 우루과이, 아르헨티나 동부, 브라질 남부 지역은 백인 혈통이 우세합니다. 피아졸라, 메시, 라베치 등이 전형적인 이탈리아 성姓이에요.

내륙 지방일수록 원주민의 영향이 아직도 강하게 남아 있는데요. 중앙 안데스에 있는 페루, 볼리비아는 아직도 원주민이 다수고 파라과이도 지역 원주민 언어인 과라니어를 공용어로 써요. 멕시코 남부와 과테말라에서는 600~800만 명이 아직도 마야어를 쓰죠.

아프리카계 사람들이 많은 나라도 있습니다. 플랜테이션 농장에 끌려온 아프리카계 노예들이 정착하면서 그 후손들이 지금도 중남미에 살고 있는데요. 아이티, 자메이카 같은 카리브해 나라들이나

트리니다드토바고, 가이아나 같은 남아메리카 북부의 나라들은 아프리카계 흑인이 많고 쿠바 같은 나라는 물라토가 다수예요.

중남미는 유럽 정복자들에 의해 원주민이 급격하게 줄고 흑인 노예가 늘어나며, 다인종 사회가 되었습니다.

위계질서 체계를 의미하는 '하이어라키Hierarchy'의 가장 꼭대기는 스페인 본국에서 태어난 스페인 사람, 페닌술라르가 차지하고요. 그 밑에는 신대륙에서 태어난 스페인 사람인 크리오요가 위치하죠. 크리오요도 백인 크리오요와 혼혈 크리오요로 나뉘어요. 그 아래에는 유럽 백인과 아메리카 원주민 사이에 태어난 혼혈 메스티소, 백인과 아프리카계 흑인 사이의 혼혈 물라토, 원주민과 흑인 사이의 혼혈 삼보 등이 새로운 사회 속에서 그들만의 문화를 만들죠.

중국인과 일본인 같은 아시아계 이주민도 은근 있어요. 페루에서는 1990년 일본계 페루인인 알베르토 후지모리가 대통령으로 당선되기도 했습니다.

이처럼 많은 인종들이 섞여 있지만 멕시코부터 칠레까지, 라틴아메리카는 차이보다는 동질성이 더 짙은 공간입니다. 이 말은 공동시장으로 성장하기 좋다는 의미이기도 한데요. 브라질, 아르헨티나, 우루과이, 파라과이가 느슨하게 맺고 있는 남아메리카 경제 블록 '메르코수르Mercosur', 남아메리카 나라들이 참여하는 '남미국가연합UNASUR, Unión de Naciones Suramericanas' 등이 정치적·경제적 통합을 모색하는 예입니다.

오랜 기간 다양한 사람들이 서로의 피를 섞어 만든 혼혈 대륙. 자메이카의 레게, 쿠바의 살사, 아르헨티나의 탱고, 브라질의 삼바 등의 혼합 문화들이 발달한 대륙. 굴곡진 역사를 지니고 있음에도, 미래를 향해 시동을 건다는 의미에서 '기로에 서 있다_{At a Crossroads}'는 평가를 받는 대륙. 바로 라틴아메리카입니다.

가지각색 아메리카
중남미 챕터 정리

✳ 라틴아메리카로도 불리는 **중남미**는 대개 지리적으로는 미국 남쪽의 나라들, 역사적으로는 스페인과 포르투갈의 식민 경험을 했던 지역을 일컫습니다. 중남미에는 동서로 안데스산맥과 브라질고원이 위치하고 대륙 중앙에 아마존강이 있어서, 미국과 비슷한 지리 환경을 가진 것처럼 보이기도 하죠.

✳ 열대우림인 아마존강은 미시시피강과 다르게 사람이 살기 힘들고, 상대적으로 선선한 기후를 갖고 있는 멕시코고원과 안데스산맥 등 **고지대에서 사람들이 모여 살며 문명이 탄생**해요.

✳ 중남미는 유럽인들의 아메리카 대륙 발견 이후 새로운 역사를 맞게 됩니다. **300여 년의 식민 시대**를 거치면서 포르투갈 식민지였던 브라질과 스페인의 식민지였던 여러 나라들이 구분되었고, 유럽인들과 **혼혈인 사이, 원주민들 사이의 사회·경제적 격차**가 커집니다.

✳ **식민 시대와 독립기의 차이** 때문에 미국과 중남미는 역사적으로 다른 길을 걷게 됩니다. 하지만 중남미는 비슷한 역사와 언어를 공유하며, 하나의 문화권으로서 새로운 가능성을 모색하고 있습니다.

CHAPTER 5

인류의 시작과 세계의 끝,

아프리카

수천만 년 전, 지질 운동을 거치며 인류의 요람으로 거듭난 아프리카.
'아프리카'로 묶인 이 대륙에는 굉장히 다양한 나라들,
그 안의 수많은 사람들이 각자 복잡한 역사를 가진 채 서로 다른 방식으로 살아갑니다.

아프리카의 자연지리
사막과 정글이 가득한 곳

아프리카 하면 떠오르는 사막과 정글, 초원, 그리고 더운 기후······ 모두 아프리카의 실제와 크게 다르지 않습니다. 하지만 더 작게 쪼개보면 새로운 모습도 발견할 수 있어요.

우리는 아프리카에 대해 잘 알지 못합니다. 여행을 많이 가는 대륙도 아니고 세계사의 중심이 된 적도 거의 없어서 국제분쟁 뉴스를 통해 듣는 소식이 거의 대부분입니다.

하지만 아프리카는 사실 역사적으로 큰 가치를 지닌 대륙입니다. 오스트랄로피테쿠스부터 호모사피엔스까지 수백만 년 전 인류의 직·간접적인 조상들이 태어난, 인류의 고향이니까요. 비약일 수도 있겠습니다만, 어쩌면 우리 모두는 아프리카에서 왔다고 볼 수 있을지도 모릅니다. 그렇다면 인류가 시작된 대륙, 생명이 태동한 대륙, 아프리카는 왜 오늘날 세계의 끝에 있는 미지의 대륙이 되었을까요? 이제부터 아프리카의 지도를 살펴보면서 지리 속에서 질문에 대한 답을 찾아보겠습니다.

밖에서 본 아프리카, 지구에서 두 번째로 큰 대륙

우선 아프리카를 대륙 밖에서 볼게요. 아프리카는 생각보다 큽니다. 평면으로 세계지도를 보면 아프리카 대륙과 미국의 크기가 비슷해 보입니다. 그런데 실제로 아프리카 대륙은 미국의 세 배 크기예요.

구球 형태의 지구본을 보면 아프리카의 진짜 크기를 알 수 있습니다. 미국, 인도, 중국, 스페인, 프랑스, 독일, 영국 등을 모두 합쳐 아프리카 대륙에 넣을 수 있어요. 동서 최장 거리가 7400km, 남북 최장 거리가 8500km인 아프리카 대륙은 여섯 대륙 중 아시아에 이어 두 번째로 큽니다. 거대한 아시아의 3분의 2 크기예요. 지구 전체 육지 면적의 5분의 1 정도죠.

아프리카 대륙이 상대적으로 작아 보이는 이유는 '메르카토르도법' 때문인데요. 구 모양인 지구를 지도에서는 평면으로 표현해야 하죠. 마치 지구를 사과 깎듯이 극지방을 잘라서 나란히 이어 붙이다 보니 극지방에 가까울수록, 즉 고위도일수록 실제 면적보다 커 보입니다.

대륙의 크기가 큰 만큼, 아시아처럼 아프리카도 하나의 문명권이라고 부르기 힘든데요. 복잡한 공간 속에서 정말 다양한 사람들이 서로 다른 모습으로 살고 있죠. 현재 아프리카의 인구는 약 13억 명입니다.

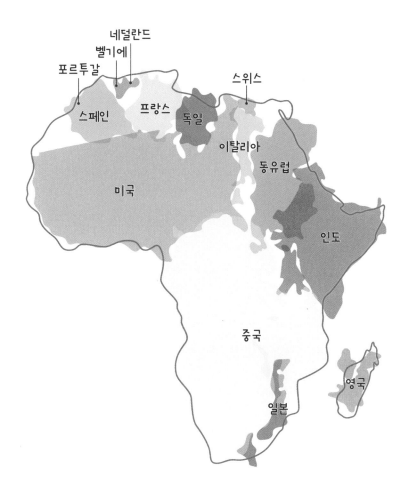

아프리카 대륙은 우리가 생각했던 것보다 훨씬 큽니다. 미국, 중국, 인도 등을 모두 합쳐도 아프리카 대륙 안에 넣을 수 있죠.

안에서 본 아프리카, 지리가 구분해놓은 땅

사막이나 정글, 초원, 더운 날씨 등 아프리카 하면 떠오르는 다양한 이미지들이 아프리카의 공통적인 모습이라면, 이제부터는 아프리카를 작게 구분해서 살펴볼게요. 크기가 큰 대륙인 만큼 뭉뚱그려서 보기보다 나눠서 보는 게 이해에 도움이 될 거예요.

아프리카도 어느 정도는 지역적으로 구분할 수 있거든요. 그리고 지역 구분이 자연지리적으로도, 인종적으로도, 역사적으로도, 문화적으로도 어느 정도 서로 연결되니까 이참에 정확히 기억해두면 좋겠죠?

북부와 남부 | 사하라사막이 나눈 아프리카

아프리카를 남북으로 나눌 때는 거대한 사하라사막이 기준이 됩니다. 사하라사막 북쪽의 북아프리카는 중동 편에서도 다룬 곳이죠. 이슬람교도가 많아서 중동으로도 묶여요. 영어로 '메나'라고 부른다고 했던 것 기억하죠?

이야기한 것처럼, 북아프리카는 이집트를 중심으로 '서쪽 땅끝'이라는 의미의 '마그레브'라고도 부릅니다. 마그레브 지역은 좁게 보면 지중해와 맞닿아 있는 모로코, 알제리, 튀니지, 리비아, 이집트 북부예요. 고대에는 페니키아, 그리스, 로마 등 지중해 문화권이었고 중세 이후부터는 이슬람 문화권에 편입됩니다.

이곳은 실제 기후도 아프리카 같지 않게 지중해성 기후로 온화한

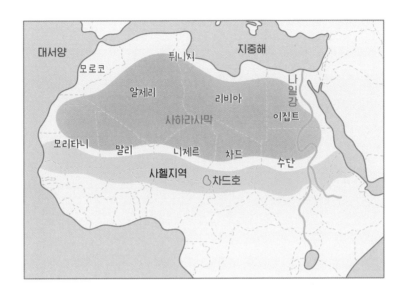

아프리카는 사하라사막을 기준으로 남북으로 나뉩니다. 특히 사하라사막의 남부는 경계가 명확하지 않은 사헬지역으로 사막화가 진행 중이죠.

편이에요. 북서쪽에 아틀라스산맥이 흐르고 산맥 북쪽에는 좁다랗게 해안평야가 있습니다.

해안평야와 아틀라스산맥을 지나면 거대한 사하라사막이 나옵니다. 나일강에서 대서양 연안까지 동서로 약 5600km, 지중해와 아틀라스산맥에서 나이저강과 차드호까지 남북으로도 약 1700km 길이입니다. 크게 보면 사하라사막이 아프리카의 3분의 1을 차지한다고 해요. 사람은커녕 동식물도 살기 힘든 사막이 이렇게 크고 넓고 길게 있으니, 사막 북쪽과 남쪽이 모든 면에서 구분되겠죠.

사하라사막은 마그레브 국가 남부 지방부터 서사하라, 모리타니, 말리, 니제르, 차드, 수단까지 이어집니다. 중간에 있는 말리와 니제르는 서아프리카로, 차드는 중앙아프리카로 묶이기도 합니다.

사하라사막에서 남쪽으로 내려가다 보면 '여기도 사막인가?'라고 헷갈리는 지역이 나옵니다. 실제로 사하라사막 남부의 경계는 명확하게 구분되어 있지 않거든요. 사하라사막과 더 남쪽 초원지대 경계의 지대를 사헬지역이라고 하는데, 완전 건조지대인 사하라사막과는 조금 다른, 반半건조지대입니다.

사헬은 아랍어로 가장자리, 해안을 뜻하는 사힐Sahil에서 유래되었다고 해요. 세네갈, 감비아부터 수단 남부까지 이어집니다. 지금은 사헬도 사막화되는 중입니다.

북아프리카의 젖줄은 누가 뭐라고 해도 이집트에 있는 '나일강'입니다. 이집트를 포함해 수단, 에리트레아, 에티오피아, 케냐, 우간다, 르완다, 부룬디, 탄자니아, 콩고민주공화국 등 열 개 나라가 나일강 유역에 있어요. 물이 부족한 아프리카라서 나일강 유역의 나라들은 수자원 문제 때문에 나일강을 두고 갈등하고는 합니다.

서부와 중부 | 사바나와 열대우림

사하라사막 남부의 사헬을 넘어가면 사하라 이남 아프리카가 펼쳐집니다. 여기도 복잡합니다. 서아프리카, 중앙아프리카, 동아프리카, 남아프리카 순으로 가볼게요.

세네갈, 코트디부아르, 가나, 토고, 나이지리아가 서아프리카에 있습니다. 월드컵 때 자주 들어본 나라들이죠? 축구를 잘하는 나라들이 많습니다. 서아프리카에는 주로 사바나가 펼쳐져요. 사바나는 '열대초원'을 말하죠.

'초원' 하면 중앙아시아 유목민들이 말을 타고 다니는 '스텝'이라는 온대 초원지대가 떠오르는데요. 스텝도 다른 지역에 비해서는 많이 건조하지만, 사막보다는 조금 더 습하거든요. 그래서 짧은 풀들이 자라요. 그래서 사하라사막의 주변부인 사헬지역을 스텝이라고 보기도 합니다.

반면 사바나에는 상대적으로 긴 풀들이 무성하게 자랍니다. 사바나는 적도와 가까워서 덥고 건조하지만, 상대적으로 남대서양에 가깝기 때문에 건기와 우기가 번갈아오죠. 건기 때문에 큰 나무는 잘 자라지 못하지만, 우기 덕분에 긴 풀들은 잘 자랍니다. 아프리카를 찍은 영상에서 사자와 얼룩말, 하이에나가 나오는 장면은 사바나를 찍은 거예요. 특히 사바나에는 기린, 코끼리 같은 거대한 동물상^{Fauna}이 많습니다.

중세 서아프리카 북부에는 가나제국, 말리제국, 송가이제국 등이 들어섰어요. 이슬람 상인들이 낙타를 타고 사하라사막을 건너 소금, 황금을 사가는 사막 무역으로 번성했죠.

아프리카 서쪽 해안선을 따라가다 보면 훅 들어간 곳이 있는데, 바로 기니만입니다. 대항해시대 이후 유럽 열강들이 처음 개척한 아프리카 지역이 기니만 근처예요. 처음에는 무역으로 시작해서 결국 식민지로 만들었죠. 그래서 기니만에는 후추 해안(시에라리온),

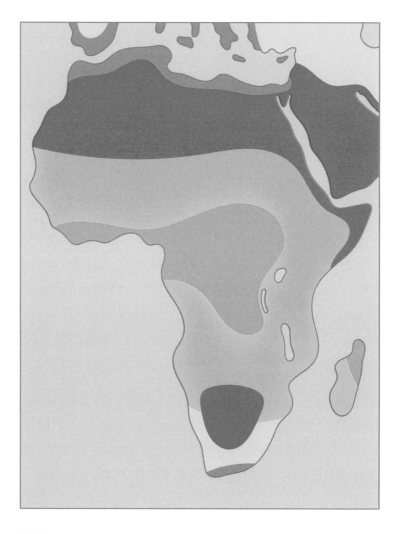

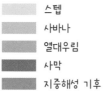 스텝
사바나
열대우림
사막
지중해성 기후

아프리카는 스텝, 사바나, 열대우림, 사막, 그리고 지중해성 기후까지 다양한 자연환경
이 펼쳐진 역동적인 대륙입니다.

곡물 해안(라이베리아), 상아 해안(코트디부아르), 황금 해안(가나), 노예 해안(토고, 베냉, 나이지리아) 등의 이름이 붙기도 했습니다.

북아프리카에 나일강이 있다면 서아프리카에는 '나이저강'이 있는데요. 니제르, 나이지리아 모두 나이저강에서 나온 국명이에요. 기니 남부 고원지대에서 발원해 말리와 니제르를 거쳐 나이지리아를 통해 기니만으로 흐릅니다. 중세 시대 강의 상류에는 가나제국, 말리제국, 송가이제국 등의 제국이 번성했고, 중류에는 통북투 등 상업과 문화가 번영한 도시가 세워졌어요.

특히 나이저강의 하류에는 거대한 삼각주가 형성됩니다. 그래서 사하라사막 이남에서는 흔치 않게 벼농사도 지었다고 해요. 심지어 석유도 나와서 '오일 리버'라고도 불려요. 덕분에 나이지리아는 아프리카에서 가장 많은 인구를 자랑하고 경제적으로도 기대를 받던 나라였죠. 안타깝게도 석유 등의 천연자원을 두고 내전이 수십 년 동안 거듭되고 있지만요. 참고로 이슬람 극단주의 단체를 표방하는 보코하람도 나이지리아에 있습니다.

서아프리카와 중앙아프리카의 경계에는 차드호가 있어요. 사하라사막 남쪽, 사헬지역의 오아시스 역할을 하죠. 호수 서쪽에 있는 니제르와 나이지리아를 서아프리카, 호수 동남쪽의 차드와 카메룬부터를 중앙아프리카로 봅니다. 중앙아프리카에 속하는 나라는 차드, 카메룬, 중앙아프리카공화국, 가봉, 콩고, 콩고민주공화국 등이 있어요.

참고로 차드는 '호수'를 뜻하는 단어에서 유래했는데, 나일이 고

콩고 열대우림은 아마존에 이어 세계에서 두 번째로 큰 열대우림입니다. 콩고강과 만나는 지역에는 콩고분지가 형성되었죠.

대 이집트어로 강을 의미했던 것처럼 차드호 또한 호수 그 자체, 물을 가리켰던 셈이죠.

이 지역에서 가장 유명한 것은 적도 근처에 형성된 거대한 밀림이죠. 아마존(아마조니아)에 이어 세계에서 두 번째로 큰 열대우림인 콩고 열대우림이 중앙아프리카의 콩고민주공화국에 있습니다. 호모사피엔스의 친척뻘인 침팬지, 보노보, 고릴라 등이 많이 살고 있죠. 앞에서 말한 사바나가 아프리카의 열대우림을 감싸고 있습니다. 즉 아프리카 서쪽의 적도 부근 저지대에 열대우림이 있고, 동쪽의 적도 고지대와 남북으로 사바나가 넓게 펼쳐진 형태죠.

콩고 열대우림도 브라질의 아마존 열대우림과 비슷해요. 실제로 이곳에는 콩고강(자이르강)이 흐르면서 상대적으로 낮고 평평한 콩고분지가 형성됩니다. 유역 면적이 아프리카에서 가장 넓어요. 열대우림 지역이라 농사에 적합하지는 않지만, 유량이 아주 풍부해요. 콩고분지를 흐르는 콩고강의 경우 전 세계 잠재적 수력발전량의 8분의 1을 차지할 정도죠. 아마존강에 이어 세계 2위의 수량을 자랑합니다.

동부와 남부 | 인류의 고향, 대륙의 축소판

에티오피아, 소말리아, 케냐, 탄자니아 등 마라톤으로 우수한 성적을 거두는 나라들이 바로 동아프리카에 속해 있습니다. 이곳에는 인류의 요람이라고 불리는 '동아프리카 지구대'가 있어요. Y자 모양으로 생긴 협곡입니다.

1억 년 전에 아프리카 대륙과 아라비아반도는 붙어 있었다고 해요. 그러던 약 2000~3000만 년 전 땅이 Y자 모양으로 쪼개지며 그 모양대로 고원이 생기고, 안쪽은 지면이 내려앉아 지구대를 형성합니다. 이때 쪼개진 홍해와 아덴만이 바다가 되고요. '아프리카의 뿔'이라고 불리는 소말리아반도는 지금도 아주 조금씩 아프리카 대륙 본토와 떨어지는 중이라고 해요. 1000만 년 정도 지나면 소말리아반도가 섬이 될 수 있다고 하네요.

이런 지질 운동 때문에, 동아프리카는 다른 지역보다 해발고도가 높습니다. 그래서 이곳을 '하이 아프리카High Africa', 서부와 중부 아프

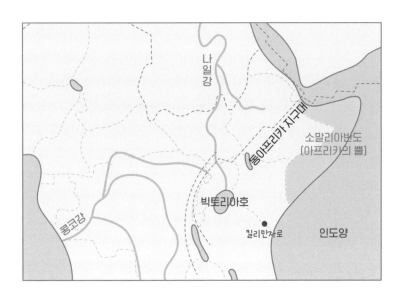

수천만 년 전에 시작된 지질 운동으로 소말리아반도는 아프리카 대륙과 떨어졌고, 빅토리아호도 생겼죠.

리카를 '로 아프리카Low Africa'라 부르기도 해요. 〈킬리만자로의 표범〉으로 우리나라 사람들에게도 친숙한 아프리카 대륙의 최고봉, 킬리만자로산도 동아프리카 탄자니아 북쪽에 있습니다.

게다가 지질 운동 때문에 거대한 단층 호수도 발달합니다. 대표적인 게 빅토리아호예요. 19세기 영국 사람이 나일강의 발원지를 찾다가 발견하고 빅토리아 여왕의 이름을 따서 명명했어요.

아프리카의 4대 강 중 나일강, 콩고강이 동아프리카 지구대에서 발원합니다. 그리고 북아메리카의 나이아가라폭포, 남미의 이구아수폭포와 함께 세계 3대 폭포로 불리는 '빅토리아폭포'도 넓은 의미의 동아프리카 지구대에 속한다고 볼 수 있답니다. 유럽에 알프스 산맥, 아시아에 히말라야산맥과 티베트가 있다면, 아프리카에는 동아프리카 지구대가 대륙의 지붕이자 급수대 역할을 하는 셈이죠.

그렇다고 동아프리카에 고원지대만 있는 것은 아니에요. 동쪽의 에리트레아, 지부티, 소말리아는 사막지대, 남쪽의 케냐, 탄자니아, 우간다는 사바나, 중간의 남수단과 케냐 북부 지역 등은 사헬지역 이에요. 유명한 '세렝게티 국립공원'도 탄자니아 북부, 케냐 접경 지역에 있습니다.

남아프리카는 그동안 배운 지리의 복습 시간이라고 보면 편해요. 아프리카의 축소판처럼, 그동안 이야기한 지형이 모두 나옵니다. 중앙아프리카, 동아프리카와의 점이지대라고 볼 수 있는 앙골라나 잠비아, 짐바브웨, 모잠비크 등에는 사바나가 펼쳐져 있어요.

아프리카의 4대 강 중 하나인 '잠베지강'이 앙골라에서 출발해서 빅토리아폭포를 지나 인도양으로 흘러갑니다. 나미비아와 보츠와나, 남아공(남아프리카공화국) 북부에는 나미브사막, 칼라하리사막 등 사막지대가 펼쳐져 있어요.

남아프리카에서 가장 유명한 나라인 남아공은 대륙의 남단에 위치해 무역이 발달하기 좋고, 남쪽은 온화한 지중해성 기후라서 해안평야도 있어요. 남극해, 남극대륙과 가까이 있어서 선선한 기후를 지닙니다. 다이아몬드, 금, 주석, 우라늄 같은 광산 자원도 많습니다. 오래전부터 유럽인들이 건너와 산업 기반을 쌓은 덕분에 현재도 아

남아프리카는 사막, 사바나, 지중해성 기후 등이 다양하게 펼쳐져 있는 아프리카 대륙의
축소판입니다.

프리카의 경제 강국이죠. 물론 유럽계 백인과 아프리카계 흑인 간
의 차별과 갈등은 여전히 풀리지 않는 숙제로 남아 있습니다.

　남아공의 최대 도시인 요하네스버그는 북동쪽 내륙에 있고 남아
공의 입법 수도인 케이프타운은 남아공 남서쪽 해안에 있습니다.
케이프타운이 있는 케이프반도에 아프리카를 돌던 유럽인들에게
희망을 준 희망봉Cape of Good Hope이 있어요. 1488년 포르투갈의 바르톨
로메우 디아스가 발견했죠. 참고로 희망봉은 아프리카 최남단이 아
닌데요. 희망봉을 돌면 바다 방향이 바뀌는 느낌이 들어서 발견자
들도 착각했다고 해요.

희망봉을 지나 북쪽으로 올라오다 보면, 아프리카 대륙 남동쪽에 마다가스카르섬이 있습니다. 아프리카에서 가장 큰 섬이자 세계에서 네 번째로 큰 섬입니다. 이 섬에 있는 나라 이름도 마다가스카르예요. 마다가스카르 맞은편 아프리카 대륙 본토에는 모잠비크라는 나라가 있어요. 그래서 마다가스카르와 아프리카 대륙 사이를 모잠비크해협이라고 부릅니다.

아프리카 대륙의 역사
인류가 탄생한 대륙

인류의 요람, 아프리카는 왜 오늘날 인류의 발전과 동떨어진 대륙이 되었을까요? 인류사의 흐름에 따라 아프리카의 지리를 살펴보겠습니다.

오스트랄로피테쿠스부터 호모사피엔스까지 인류의 조상들은 아프리카에서 탄생합니다. 정확히는 고릴라, 침팬지 등의 유인원에서 분기되어 진화했다고 보죠. 그토록 많은 대륙 중 왜 아프리카에서 인류가 탄생했을까요? 이유는 바로 동아프리카 지구대에 있습니다. 약 3000만 년 전 동아프리카에서 일어난 지질 운동은 지형만 바꾼 게 아니었습니다. 기후와 생태계까지 모조리 바꿔버렸죠.

인류의 시작이 아프리카인 이유

동아프리카의 적도 부근은 원래는 낮고 평평한 지형의 열대우림이었다고 해요. 무성한 열대 숲으로 뒤덮여 있던 동아프리카는 지질 운동이 일어나며 고원과 깊은 골짜기가 널려진 울퉁불퉁한 산악지대로 바뀝니다.

높은 산맥이 생기면서 동아프리카 지역 대부분은 비가 잘 내리지 않고 건조해지죠. 울창한 숲에서 사바나와 사막 등으로 식생도 다양해집니다. 협곡은 약 3000만 년 전부터 생기기 시작했지만 기후가 건조해진 것은 약 300만~400만 년 전부터였습니다. 이 기간에 동아프리카의 풍경은 '타잔'의 무대에서 '라이언 킹'의 무대로 변모합니다.

유인원과 인류의 가장 큰 차이는 무엇일까요? '나무'와 '땅' 중에 주된 활동지가 어디인지가 다르겠죠. 열대우림의 나무 위에서 생활하던 유인원에게 동아프리카 지구대는 큰 위기이자 기회를 제공합니다.

인류의 조상은 나무에서 땅으로 내려와 진화합니다. 여기에 건조한 초원지대가 확대되면서 대형 초식 포유류, 즉 사람이 사냥할 수 있는 영양과 얼룩말 같은 동물들도 번성하는 데 도움을 주죠. 현생인류의 먼 조상들이, 그들의 화석이 동아프리카에서 많이 발견된 것은 이 때문이라고 합니다.

세계의 끝, 미지의 대륙

인류의 조상이 시작된 아프리카, 다양한 사람들이 사는 아프리카는 그리 빠른 속도로 발전하지 못했습니다. 인류의 요람 아프리카는 왜 제대로 성장하지 못했을까요?

물론 여기에서 말하는 '성장'은 지극히 서양 중심의 시각입니다. '발전' '진보'와 같은 말처럼 가치 중립적인 단어가 아니죠. 아프리카의 호모사피엔스도 그들만의 역사를 갖고 문화를 꽃피운 것은 분명 사실입니다.

다만 여기에서는 오늘날의 시각에서, 아프리카가 왜 자연 그대로의 상태로 머물러 있는지에 관해 이야기하려 합니다.

① 매끈한 해안선

유럽이나 북아메리카와 다르게 아프리카의 해안선은 대체로 매끈합니다. 아프리카 해안선의 길이는 약 2만 6000km라고 해요. 아프리카 3분의 1 크기의 유럽 해안선이 약 3만 2000km인 것과 비교하면 단조로운 해안선이 해운 발전의 걸림돌이 되었다고 할 만하죠.

15세기부터 시작된 대항해시대에도 유럽인들은 아프리카의 해안선 때문에 애를 먹었다고 해요. 아프리카 서부 해안에 발을 디뎠지만, 배를 정박시킬 만한 천연 항구를 찾기 어려워 아프리카를 일주하는 데 어려움을 겪었다고 전해집니다.

② 내륙 수운을 방해하는 강

아프리카의 강은 관광하기에는 좋지만 내륙 수운을 이용하기에는 여의치 않다고 합니다. 북동 아프리카의 나일강, 서아프리카의 나이저강, 중앙아프리카의 콩고강, 남동 아프리카의 잠베지강과 그 강의 유역들이 서로 연결되어 있지 않아요.

거대한 사막(사하라사막), 거대한 열대우림(콩고분지), 협곡과 고지대(동아프리카 지구대)도 강 사이의 연결을 막습니다. 강가에 사는 사람들이 서로 교류하고 영향을 주고받지 못하므로, 고립되어 독립적으로 살아가기 쉬웠죠.

특히 나일강 유역은 문명까지 꽃핀 이집트의 젖줄이지만 고립된 지리 조건 탓에 더는 발전하지 못했어요. 북쪽의 지중해를 제외하고 주변 지역이 대부분 사막이어서 내부를 지키기는 좋은데 외부로 진출하기는 어렵습니다. 주변이 사막뿐이라 나무가 귀했거든요.

집이나 건물은 돌이나 흙으로 만든다고 해도 배를 만들려면 나무를 수입할 수밖에 없습니다. 아쉬운 대로 페니키아(레바논)에서 삼나무를 수입했지만, 수입에 의존하는 나라의 해군이 강할 리가 있나요. 그리고 나일강은 남북으로만 길다 보니 나일강 유역을 통합하는 제국이 만들어지기는 쉽지 않았습니다.

다른 강들도 내륙 수운에 좋지 않다고 해요. 아프리카에서 네 번째로 긴 잠베지강도 그 길이만 약 2700km 정도라고 하는데요. 500km 정도인 한강의 다섯 배가 넘죠. 하얗게 부서지는 급류, 빅토리아폭포 등은 아름다운 관광지지만, 교역로로 활용하기에는 최악이라고 합니다. 구글에 '잠베지강 래프팅'을 한번 검색해보면, 이곳이 관광지로서 얼마나 각광받고 있는지를 알 수 있을 거예요.

중앙아프리카의 젖줄인 콩고강도 마찬가지예요. 부분적으로는 배를 띄울 수 있지만, 대서양에서 콩고분지 안쪽까지 배를 타고 들어갈 수가 없다고 합니다.

③ 지리적 위치

무엇보다도 아프리카의 발전에 가장 큰 영향을 미친 것은 지리상 위치예요. 아프리카 대륙은 적도와 적도보다 더운 북회귀선, 남회귀선이 모두 지나갑니다. 지도를 보면 북회귀선과 남회귀선을 중심으로 사막이 형성된 것을 알 수 있어요.

지중해에 접했던 북아프리카와 이집트 등을 제외하면 아프리카 대륙의 거의 전 지역이 유라시아 대륙에서 고립된 채 발전했다고 해요. 비슷한 위도끼리는 기후가 유사해서 문화 교류가 활발했는데 남북으로는 교류가 잘 안 되죠. 사하라사막이 아프리카에 끼친 영향은 이처럼 컸습니다. 중세에는 사하라사막 이남의 아프리카에서도 말리제국 같은 부유한 왕국이 세워졌지만, 이슬람 제국이 북아프리카를 장악한 이후 사막 무역을 전개하면서 등장한 거였죠.

아프리카의 위치는 기후에도 영향을 줍니다. 아프리카는 여섯 대륙 중 가장 덥죠. 더운 곳에서 살아남으려면 동물과 식물 모두 억세야 합니다. 적도에 열대우림이 괜히 나오는 게 아니에요. 생존을 위해 동식물도 진화한 거죠.

열대우림 외에도 아프리카에는 사바나, 사막, 고원지대가 많으니 밀이나 쌀을 재배하거나 양이나 말, 소를 기르기에는 적합한 곳이 많지 않아요. 아프리카에도 동물은 많지만 코뿔소, 가젤, 기린 등은 가축이나 운송 수단으로 활용하기도 어렵고요.

더운 기후는 악성 질병에도 영향을 끼쳐요. 말라리아, 황열병, 에이즈 등. 현재까지도 아프리카는 열대병과 전쟁을 치르고 있습니

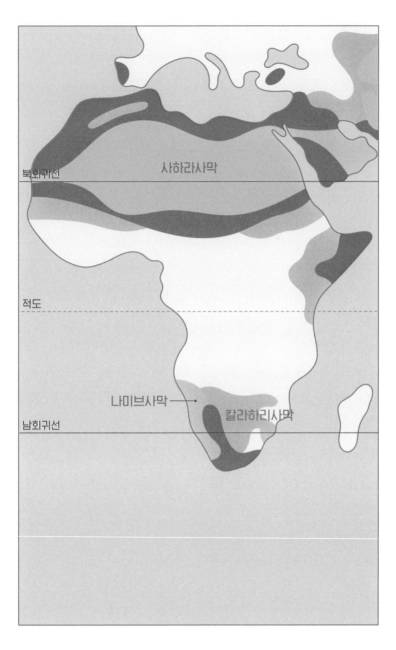

아프리카 대륙은 적도와 적도보다 더운 북회귀선, 남회귀선이 모두 지나갑니다. 이렇게 형성된 더운 기후는 아프리카에 굉장히 많은 영향을 끼쳤죠.

다. 유럽 열강들이 19세기 중반까지 아프리카 전역을 식민화하지 못한 이유도 말라리아 같은 열대병을 극복하지 못해서였죠. 당시 아프리카 본토에 남아 있던 유럽인 중 거의 절반이 1년 이내에 사망했다고 합니다. 그래서 19세기 중반 이전까지는 해안가만 식민지로 삼았어요.

수천만 년 전, 지질 운동을 거치며 인류의 요람으로 거듭난 아프리카. 그러나 다시 '지리의 늪'에 빠져 유럽 열강의 식민지로 전락한 아프리카. 1500년대부터 1800년대까지 약 1200만 명의 아프리카인이 노예선을 타고 아메리카 대륙으로 실려 갔다고 합니다.

하지만 그들은 억압받는 상황 속에서도 또 다른 문화를 만들어냅니다. 다양한 인종들과 어우러지며 룸바, 재즈, 블루스, 로큰롤 등의 새로운 문화를 탄생시켰죠. 아직도 아프리카는 '발전하지 못한 대륙' '미지의 대륙'이라는 이미지에 갇혀 있지만, 그 후손들이 꽃피운 문화는 무엇보다 앞서 있고, 선명한 아름다움을 보여줍니다.

아프리카의 인문지리
하나의 대륙, 여러 개의 국가

'아프리카'라고 뭉뚱그렸던 단어 속에는 서로 다른 모습으로 사는 수많은 사람들의 역사가 담겨 있습니다. 아프리카 대륙과 각 나라의 이름을 탄생시킨 결정적 장면을 함께 보겠습니다.

우리는 아프리카계 사람들을 사회적으로는 흑인, 인종적으로는 니그로이드Negroid라고 뭉뚱그려서 표현합니다. 여기에 아프리카를 '대륙'이 아닌 하나의 '나라'로 인식하는 경우도 많죠. 그러나 '아프리카'로 묶인 이 대륙에는 굉장히 다양한 나라들, 그 안의 수많은 사람들이 각자 복잡한 역사를 가진 채 서로 다른 방식으로 살아갑니다. 실제로 아프리카인들의 유전적 다양성은 다른 대륙보다 높습니다.

'나라'가 아닌 '대륙'

앞서 세네갈, 코트디부아르, 가나, 토고, 나이지리아 등 서아프리카에 축구를 잘하는 나라들이 많고, 소말리아, 에티오피아, 케냐, 탄자니아 등 동아프리카에 마라톤을 잘하는 나라들이 많다고 이야기했었죠.

일부 연구에 따르면 동아프리카와 서아프리카의 유전적 차이 때문이라고 하는데요. 근육의 힘을 관장하는 백색근白色筋이 유전적으로 발달한 사람들이 서아프리카에 많아서 축구나 단거리 육상에 강한 나라들이 많다고 하고요. 반대로 동아프리카에는 지구력에 영향을 주는 적색근赤色筋이 유전적으로 발달한 사람들이 많아서 마라톤 같은 장거리 육상 강국이 많다고 해요.

이런 유전적 다양성 때문에 니그로이드를 조금 더 세부적으로 아인종亞人種으로 나누기도 하고, 다른 부족과 구분하기도 합니다. 그러나 학자에 따라 견해도 다르고 아직 정설이 있지 않은 상황이죠.

사실 아프리카인들을 구분할 때 가장 많이 사용하는 기준은 언어예요. 물론 아프리카의 수많은 원주민들은 사용하는 언어만 해도 1000개가 훌쩍 넘지만요. 미국의 한 언어학자가 이를 아프로-아시아어족(함어족·셈어족), 니제르-코르도판어족, 나일-사하라 어족, 코이산 제어諸語 등으로 간단하게 분류했어요.

① 아프로-아시아어족: 중동이라고 통칭하는 지역에서 쓰였던 언어
② 니제르-코르도판어족: 아프리카 최대 어족으로 사하라사막 이남 대부분에 분포
③ 나일-사하라 어족: 아프로-아시아어족과 니제르-코르도판어족의 중간

④ 코이산 제어: 남아프리카 부족 언어로 각자 독립적인 언어를 묶은 용어

⑤ 북부의 니제르어군, 남부의 반투어군

참고로 마다가스카르섬에서는 동남아시아 섬사람들이 쓰는 오스트로네시아어족의 방언들이 쓰이기도 해요. 오래전 인도양을 사이에 두고 마다가스카르섬과 동남아시아가 교류했다는 증거겠죠.

한편 아프리카의 언어는 식민 경험에 따라 구분할 수도 있어요. 북아프리카의 아랍권 나라는 주로 아랍어를 사용하지만, 사하라사막 이남의 나라들은 저마다의 토속 언어를 쓰거든요. 그래서 모두가 소통할 수 있도록 옛 식민 지배국의 언어를 사용하고는 해요.

프랑스의 식민지였던 알제리, 모로코, 튀니지, 모리타니 등은 프랑스어권으로 치기도 하고, 남아공과 짐바브웨 등은 영국 식민지였기 때문에 영어권에 들어가기도 합니다. 독일 식민지였던 카메룬, 탄자니아 등에서는 아직 노년층에서 독일어를 할 수 있는 사람들이 많고, 리비아, 소말리아, 에리트레아 등에서는 이탈리아어가 꽤 많이 사용된다고 해요. 마찬가지로 옛 포르투갈과 스페인 식민지에서는 각각 포르투갈어와 스페인어가 공용어로 사용되죠.

앞선 각종 인종과 어족을 전부 기억할 필요는 없습니다. 우리가 '아프리카인'이라고 뭉뚱그려 생각했던 사람들이 얼마나 다양한 모습과 서로 다른 언어를 갖고 있는지만 기억한다면 충분합니다.

국가명에 새겨진 제국주의

'아프리카'라는 대륙의 이름은 언제부터 사용되었을까요? 전해지기로는 지중해 남쪽에 살던 원주민이 사용한 지명 또는 부족의 이름에서 유래했다고 하는데요.

포에니전쟁 무렵 로마인들은 지중해 맞은편 카르타고와 인접한 북아프리카의 여러 민족을 '아프리afri'라고 부르고, 카르타고 정복 후에 땅이라는 의미의 접미사-ca를 붙여 아프리카주州라고 했다고 해요. 아랍인들이 진출한 뒤에는 아랍어 '이프리키아ifriqiya'가 지금의 북서아프리카를 가리키는 지명이었죠. 그러다 대항해시대 이후 유럽인들이 아프리카 대륙의 진짜 규모를 알게 되면서 아프리카의 의미는 확대됩니다.

이처럼 이름에는 저마다의 역사가 담겨 있습니다. 아프리카 대륙처럼 그 안에 속한 나라들 각각의 국가명에도 마찬가지예요. 국제적으로 통용되는 우리나라의 국명 '코리아' 역시 역사 속 왕조인 '고려'에서 유래한 것처럼요.

이제부터는 아프리카 나라들의 국가명에 얽힌 이야기를 할 텐데요. 그전에 간단하게 아프리카 식민 지배의 역사적 장면을 하나 보고 갈게요.

15세기부터 시작된 대항해시대에 포르투갈을 중심으로 한 유럽인들이 아프리카 탐험을 시작합니다. 유럽인들은 기니만 같은 서아프리카의 해안을 주로 개발하면서 노예와 금, 상아 무역을 진행해요.

그러나 19세기부터 유럽 열강들이 본격적으로 아프리카를 침략하기 시작하면서 내륙까지 자신들의 식민지로 삼습니다. 프랑스는 기니만에서 시작해 서아프리카 대부분을 장악하고, 마다가스카르 섬까지 식민지로 만들죠. 영국은 나일강 유역과 남아프리카를 차지하고요.

이후 동서 식민지를 연결하려는 프랑스의 횡단 정책과 남북 식민지를 연결하려는 영국의 종단 정책이 충돌하면서 외교적 문제가 발생하는데, 이게 1898년 일어난 파쇼다사건입니다.

이후 프랑스와 영국 외에도 아프리카 탐험의 선봉이었던 포르투갈, 아메리카 대륙에 집중하던 스페인부터 독일, 이탈리아, 벨기에까지 식민지 쟁탈전에 뛰어들게 됩니다.

① 검은 얼굴의 나라

북아프리카는 고대 그리스 로마인들과 교류가 많았던 만큼 국명 또한 그들의 영향을 많이 받았어요. 고대 그리스 사람들은 이집트를 '아이굽토스Αἴγυπτος(아이깁투스Aegyptus)' 등으로 불렀는데, 멤피스의 신전 이름 또는 '에게해의 밑'이라는 의미였다고 합니다.

리비아는 고대 그리스 신화에 나오는 인물로, 당시 그리스인들이 이집트를 제외한 북아프리카 지역을 부르던 명칭에서 유래했어요. 사하라사막 서쪽에 있는 모리타니는 고대 로마제국의 속주였던 마우레타니아Mauretania에서 왔다고 해요.

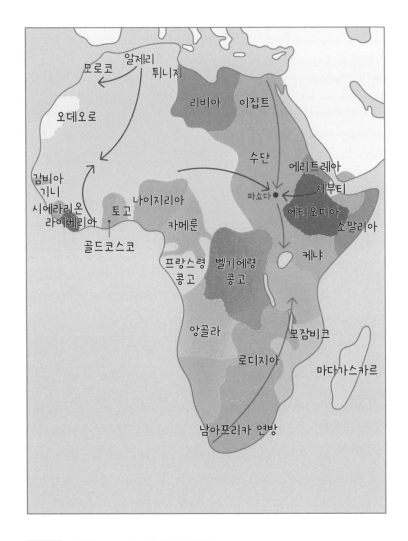

19세기부터 유럽 열강들은 너도나도 할 것 없이 모두 아프리카 식민지 쟁탈전에 뛰어들었습니다. 프랑스의 횡단 정책과 영국의 종단 정책이 대표적이죠.

동아프리카의 에티오피아도 고대 그리스인들이 지어준 이름이에요. 에티오피아를 말하는 그리스어 '아이디옵스Aithiops'는 '타다aitho'와 '얼굴ops'의 의미가 합쳐진 단어예요. 한마디로 에티오피아는 '탄 얼굴' 나라, 즉 '흑인의 나라'인 거죠. 1993년 에티오피아로부터 독립한 에리트레아도 홍해의 그리스어 명칭인 에리트레아 해Erythræan Sea에서 유래했어요.

이슬람이 북아프리카에 진출하면서 아랍어의 영향을 받은 곳도 많습니다. 대표적으로 수단은 아랍어로 '검다'를 의미하는 '수다suda'라는 말에서 비롯되었다고 해요. 사하라사막과 이남의 흑인 거주 지역을 추상적으로 '흑인의 나라', 즉 수단이라고 부른 데서 유래했다고 합니다.

한편 아프리카에는 '기니'라는 단어가 들어간 나라들이 많은데요. 기니, 기니비사우, 적도기니가 여기에 해당합니다. 서아프리카 남부 해안을 '기니' '기니만' 지역이라고 불렀다고 했었죠. 기니는 사하라 베르베르어로 '흑인의 땅Aginaw'에서 유래했다는 설이 유력하다고 합니다.

프랑스가 식민 지배한 기니 지방은 현재의 기니가 되었고, 포르투갈이 지배한 기니 지방은 수도 비사우를 붙여서 기니비사우, 스페인이 지배한 적도 지방의 기니는 현재 적도기니로 독립했습니다. 각기 다른 나라지만 명칭의 유래는 모두 같아요.

에티오피아(고대 그리스어), 수단(아랍어), 기니(베르베르어) 모두 '흑인의 나라' '흑인의 땅'이라는 의미를 담고 있는 셈이죠.

② 식민 경험이 만든 차이

기니처럼 같은 지명에서 유래했지만, 식민 경험이 달라지면서 이름이 헷갈리는 나라들도 있습니다. 서아프리카의 젖줄 나이저강은 영어식 이름이고, 프랑스어로는 니제르강이에요. 이 강에서 유래한 나이지리아와 니제르의 국명은 영어식이냐, 불어식이냐 하는 차이죠. 나이저강 하류의 나이지리아(남쪽)는 영국의 식민지였고, 니제르강 중류의 니제르(북쪽)는 프랑스 식민지였습니다.

나라 이름에 '콩고'가 들어가는 나라도 두 개가 있습니다. 콩고분지 한복판에 있는 콩고민주공화국은 벨기에 식민지(벨기에령 콩고)였다가 독립합니다. 1971~1997년에는 콩고강의 또 다른 이름인 자이르강에서 따온 국명인 '자이르'을 쓰다가 지금의 이름으로 바꿉니다.

서쪽의 콩고는 프랑스 식민지(프랑스령 콩고)였다가 1960년 독립합니다. 공산주의 국가였지만 1991년 공산주의를 포기하고 지금의 인민공화국이 되었습니다. 두 나라를 구분하려고 큰 콩고를 민주콩고, 작은 콩고를 서콩고로 부르기도 했어요.

③ 서구 열강의 자의적 명명

유럽인들이 자의적으로 붙인 이름이 국명으로 자리 잡기도 합니다. 적도기니 옆에 있는 가봉은 포르투갈 항해사가 가봉에 흐르는 코모강의 하구 모습이 '후드가 달린 외투gabao'와 비슷하다고 이름 붙인 것에서 유래했다고 하고요. 카메룬 또한 포르투갈 항해사에 의해 붙여진 이름이에요. 카메룬 강에 많이 서식하던 '새우Camares'를 보고 붙인 이름이죠.

앙골라는 16세기에 있던 은동고 왕국에서 유래되었다고 해요. 은동고 왕국에서 왕을 지칭하는 '응골라Ngola'를 포르투갈인들이 '앙골라'라고 부르면서 나라 이름으로 이어졌죠.

코트디부아르는 식민 지배국이었던 프랑스에서 온 이름이에요. '해안Cote' '~의d' '상아ivoire'. 한마디로 '상아 해안'이라는 뜻이에요. 15세기 후반 유럽 열강이 상아와 노예를 착취하면서 붙여진 명칭이 국명이 된 거죠.

처음 발견한 유럽인의 이름에서 따온 국명도 많습니다. 미국 소설가 마크 트웨인이 극찬한 동아프리카의 섬나라 모리셔스는 네덜란드인들이 상륙하면서 네덜란드 왕자 마우리츠 반 나소Maurice Van Nassau의 이름에서 따와 명명했다고 해요. 또 다른 동아프리카 섬나라 세이셸도 18세기 중반 프랑스 재무장관인 장 모로 드 세셸Jean Moreau de Séchelles의 이름을 따서 지어졌고요.

흑인의 땅, 까만 얼굴의 나라, 상아 해안의 나라, 새우가 많은 나라……. 아프리카에는 유럽인들이 자의적으로 붙인 이름만 남은 게 아닙니다. 그들이 인위적으로 그은 국경선은 아프리카의 현대사에 아직도 큰 영향을 미치고 있죠.

소말리아, 수단, 케냐, 콩고민주공화국, 앙골라, 나이지리아, 말리 등에서는 유럽인들이 그은 국경선 때문에 분쟁이 끊이지 않습니다. 서로 다른 민족 또는 부족을 한 나라 안에 억지로 묶으려 했던, 유럽의 제국주의적 사고가 수많은 민족 갈등을 낳은 것입니다.

인류의 시작과 세계의 끝, 아프리카 챕터 정리

✸ 아프리카는 유라시아 대륙의 3분의 2 정도의 크기로, 세계에서 두 번째로 큰 대륙입니다. 아프리카는 하나의 대륙, 하나의 문명권으로 보이지만 지리적으로나 역사적으로나 다양한 모습을 지닙니다.

✸ 아프리카는 거대한 사하라사막을 기준으로 남북을 구분할 수 있어요. 사하라사막 북쪽의 북아프리카는 지중해와 지리적·역사적으로 맞닿아 있습니다. 현재는 중동 권역으로 묶이죠. 사하라사막 이남 아프리카는 콩고분지 등의 열대우림, 열대초원인 사바나, 동아프리카 지구대 등의 산악지대, 남아프리카의 온대지대 등 다양한 지리적 환경이 펼쳐집니다.

✸ 동아프리카 지구대가 생기면서 수백만 년 전 인류의 조상이 아프리카에서 탄생합니다. 그리고 오늘날에는 인종적으로 다양한 사람들이 살고 있죠. 인류의 고향, 아프리카는 지리적 한계 때문에 유럽 열강의 식민 지배를 피할 수 없었습니다.

✸ 유럽 열강들의 제국주의는 국가 이름과 그들의 언어에도 영향을 미칩니다. 이 때문에 아프리카에는 지금까지 민족적·종교적·경제적 분쟁이 끊임없이 일어나고 있습니다.

책을 마치며
사람에 관한 이야기, 지리

이 책을 읽고 지나친 '지리 결정론'에 빠지지 않기를 바랍니다. 지리 결정론은 인간과 사회의 여러 현상이 지리적 환경에 의해 결정된다는 이론입니다. 실제 우리가 공간적 환경에 많은 영향을 받는다는 점에서 귀 기울여 들을 만한 이야기죠. 이에 지정학의 중요성을 강조한 《지리의 힘》(사이, 2016)과 지구적 움직임과 인류사를 연결한 《오리진》(흐름출판, 2020)을 책을 쓰면서 참고했습니다.

그러나 지리적 환경이 인간과 사회의 모든 것을 결정하지는 않습니다. 인류의 역사는 자연에 적응해온 과정이기도 하지만, 자연을 극복해온 과정이기도 합니다. 그런 의미에서 세상을 보는 또 하나의 관점 정도로 받아들였으면 합니다.

고대 페니키아, 그리스, 로마 사람들은 지중해를 자신들의 호수로 만들었습니다. 중세 유럽인들은 '세상의 끝'처럼 여기던 대서양을 건너 아메리카 대륙으로 진출했습니다. 풀조차 자라기 힘든 사막에서도 중앙 유라시아인들은 동서양을 잇는 비단길을 개척해냈습니다. 인류의 역사는 인간이 서로 교류하며 사상과 기술을 발전시키고, 지리적 환경과 상호작용을 하며 진행되었습니다. 나중에 기회가 되면 다른 관점에서 인류의 역사를 바라볼 수 있는 책으로 찾아 뵙겠습니다.

또한 이 책에서 던지는 질문과 답이, 각 지역의 우열을 가리기 위한 것이 아니라는 말씀도 드리고 싶습니다. 책을 쓰면서 참고한 《총, 균, 쇠》(문학사상, 2005)의 저자 재러드 다이아몬드도 이런 시각을 경계했습니다. 어떤 민족이 다른 민족을 지배하게 된 과정을 설명할 수 있다고 그 지배를 정당화할 수 없고, 유럽과 미국이 전 세계의 근현대사를 주도했다고 전 세계를 착취한 그들의 역사까지 미화할 수 없습니다.

따라서 같은 호모사피엔스가 각 지역에서 어떻게 정착하고 어떻게 역사를 진행했는지, 그 과정의 차이를 이해하는 차원으로 책을 썼습니다. '서구 중심주의'라고 비판하신다면, 부족한 필력 때문에 생긴 오해니 겸허히 받아들이겠습니다.

이 책은 새로운 지식과 새로운 주장을 전하는 책이 아닙니다. 많은 책에서 나온 내용을 정리한 대중 인문서입니다. 앞서 말씀드린

책을 마치며

참고 서적 이외에도《세계지리》(시그마프레스, 2017),《모자이크 세계 지리》(현암사, 2011),《세계 지명 유래 사전》(성지문화사, 2006),《혈통과 민족으로 보는 세계사》(센시오, 2019), 그리고 두산백과를 참고했습니다. 더 자세한 내용을 원하는 독자분들께 추천드립니다.

매일같이 글을 쓰는 게 직업임에도 한 권의 책을 쓰는 데 적지 않은 어려움이 있었습니다. 부족한 지식 소매상을 찾아내 첫 책을 쓸 기회를 주신 21세기북스에 감사의 말씀을 전합니다. 특히 게으른 작가에게 채찍과 당근을 선사하며, 엄마처럼 누나처럼 챙겨주신 최유진 에디터님 덕분에 이 책이 빛을 볼 수 있었습니다. 책을 쓰면서 생긴 고민을 함께 나눴던 가족과 지인들에게도 감사함을 표합니다. 작업실에서 술 한 잔씩 대접하겠습니다.

마지막으로 부족한 지식과 통찰을 갖고 쓴 이 책을 끝까지 읽어주신 독자분들께 다시 한번 감사하다는 말씀을 드립니다.

KI신서 10176

두선생의 지도로 읽는 세계사 서양편

1판 1쇄 인쇄 2022년 3월 30일
1판 5쇄 발행 2024년 12월 16일

지은이 한영준
펴낸이 김영곤
펴낸곳 ㈜북이십일 21세기북스

인문기획팀장 양으녕 **인문기획팀** 이지연 서진교 노재은 김주현
디자인 MALLYBOOK 최윤선 정효진 민유리
출판마케팅팀 한충희 남정한 나은경 최명열 한경화
영업팀 변유경 김영남 강경남 황성진 김도연 권채영 전연우 최유성
제작팀 이영민 권경민

출판등록 2000년 5월 6일 제406-2003-061호
주소 (10881) 경기도 파주시 회동길 201(문발동)
대표전화 031-955-2100 **팩스** 031-955-2151 **이메일** book21@book21.co.kr

㈜북이십일 경계를 허무는 콘텐츠 리더

21세기북스 채널에서 도서 정보와 다양한 영상자료, 이벤트를 만나세요!

페이스북 facebook.com/jiinpill21   **포스트** post.naver.com/21c_editors
인스타그램 instagram.com/jiinpill21 **홈페이지** www.book21.com
유튜브 youtube.com/book21pub

당신의 일상을 빛내줄 탐나는 탐구 생활 〈탐탐〉
21세기북스 채널에서 취미생활자들을 위한 유익한 정보를 만나보세요!

ⓒ 한영준, 2022
ISBN 978-89-509-0019-9 03900